新装版

中村元英文論集

比較思想から見た仏教

Selected Essays of Hajime Nakamura in English

中村元著
春日屋伸昌編訳

東方出版

まえがき

この『比較思想から見た仏教』という書は、私が先年アメリカのハーヴァード大学で行なった公開講演の邦訳である。

思えば、この書の成立には、長い歴史がある。

私は、去る昭和三十八年八月十八日に出かけて、南アジア、ヨーロッパ諸国を経て、九月十一日にニューヨークに着き、それから半学年間、ハーヴァード大学で客員教授として講義し、昭和三十九年一月十一日に帰国した。通常の講義のほかに、公開講演を四回行なったが、それはなかなか気の張るものであった。毎回、夜の講演の前には研究所長が大学の有力な人々を招いて晩餐会を開き、次いで会場では毎回、別々の有名教授が私の学問の紹介を行なうということで、こちらも緊張せざるを得なかった。この一連の催しを終えてから、その公開講演の原稿を、かの地に滞在している間に改稿し発展させた。

のちに同大学の世界宗教研究所（Center for the Study of World Religions）の所長であったスレーター（Robert H. L. Slater）教授が昭和四十一年の春、桜の花の咲くころに来日された際に、同教授は東京麻布の国際文化会館の一室に閉じこもりながら、私の原稿に斧鑿を加えてこの労作が完成した。その際には、西洋人学者の立場から見て賛成できない部分は削除されている。それと同時に、この内容は西洋人の学者も承認しているということを示す。

のちに、インドのデリーにあるイスラーム研究所（Islam and the Modern Age Society）が世界宗教のシリーズを計画し、私に仏教の部分を担当して書物を書いてくれ、という同所長Abid Husain 博士からの依頼が、国際キリスト教大学の葛西実教授を通して、またアメリカの Hazen 財団会長 Paul Braisted 博士を通して、別々に伝えられた。国際的であるのみならず、超宗教的な企画であるので、それに応じて原稿を渡したところ、ついに一九七五年に "*Buddhism in Comparative Light*" という標題で刊行された。

フセイン博士は、温厚な眼に潤みをもったおとなしい人柄であるが、イスラーム教徒でありながら世界宗教の叢書を計画し、自分は「平和の宗教としてのイスラーム」を書きたいと言っておられたのを思い出す。自分の資産をなげうってこの研究所を独力で運営しておられた姿に強い感銘を受けた。

このような特殊なところで出版したのがまちがいだったのかな、と思ったこともあるが、しかしスリランカの書店でこの書を見いだしたときには嬉しかった。ブエノス・アイレスでアルゼンチンの仏教学者 Liliana Garcia Daris 女史（サルヴァドル大学教授）に会ったとき、「あなたの書を読んで勉強しました」と言われるので、「どの本を？」と聞いたら、私のこの書をロサンゼルスで入手したという。やっぱり刊行しておいて良かったと思った。

フセイン博士の没後、右の研究所は活動中止状態に陥ったので、デリーの Motilal Banarsidass

書店が再版を刊行した。それは誤植を訂正してある。

私は、決してこの書に満足しているわけではない。外国に行くたびに増訂改稿をつづけ、かなりの大冊となったので、"*Parallel Developments. A Comparative History of Ideas*" という題名で Kodansha International-Harper (New York and Tokyo) から一九七五年に刊行したが、それが絶版となったので、それに索引を付した新版がロンドンの Rontledge and Kegan Paul から一九八五年に刊行された。

この『比較思想から見た仏教』という書は、ロンドンで刊行した右の書と部分的には似ているけれども内容はかなり相違している。ことに editor が違うので、趣も非常に異なったものとなった。

近年、春日屋伸昌博士が私の英文の諸著書論文に注意され、末木文美士《ふみひこ》助教授ほかと共同で邦文への訳出の努力をされたことを光栄に思い深く感謝している。両氏のご連絡によりこのたび東方出版からこの邦訳が刊行されることになった。

こういうわけで、この書はもともと外国人向けの英文での講演であり、カナダ人であったスレーター博士の手が加わっているので、おのずから私が最初から日本語で書いたものとは、かなり趣を異にしている。

『比較思想から見た仏教』というテーマが緊要のテーマであることは縷説を要しないであろう。今はただ、この書が出来上がるまでの長い経過を記して、諸学者の好意を追憶感謝するとともに、巻頭言に代えて読者の参考に供したいと思う次第である。

一九八七年五月二十五日

中村　元

比較思想から見た仏教　目次

第一章 〝普遍〟宗教

一、仏教の異文化への広まり

仏教の顕著な特徴の一つは、それが母国インドを超えて、さまざまな国のさまざまな人々に広く受け入れられ育《はぐく》まれてきたということである。実際、現在ではインド本国よりも東南アジア・中国・朝鮮・日本のほうに仏教徒の数が多い。

歴史上のブッダ、つまり仏教の開祖ゴータマは、インドの東北国境に近いネパールの小国の王子としてこの世に生を受けた。成長したのち、ガンジス河からそれほど遠くないブッダガヤーで悟りを開いてブッダと呼ばれるようになった。そしてインドの民衆のなかに法（ダルマ）を説き広め、八〇歳で世を去った。彼の最初の弟子たちも教団（サンガ）の最初の構成員も、いずれもインド人であった。ブッダが認めた法は、すでにインドで知られていた真理であった。彼は当時インドで論議されていた幾つかの教説、例えば人の魂とか魂と絶対者との関係といったような教説を、無視するか、疑問視するか、拒否するかした。そして、当時一般的であった慣習の幾つか、特にカースト制を認めなかった。しかし一方では、輪廻と業（道徳的因果律）に対する信仰など、インド的思索の基盤ともいうべき見解の多くを認めかつ取り入れた。

ブッダの教えがまずインドで広く受け入れられたのは確かである。紀元前三世紀に現れた偉大な王アショーカの行動と政策に影響を与えたのはこの仏教であった。しかし、四世紀から仏教はインドで衰退の一途をたどり、今日では、母国において仏教徒はきわめて少数になっている。もっとも最近では、インドの人々の関心が甦ってきた兆しもみられなくはないが……。

仏教はその当初より母国をはるかに超えて宣布されるべき伝道的色彩の濃い宗教であった。きわめて早い時期に、仏教はスリランカ(セイロン)・ビルマおよび東南アジアの国々に広まった。このような宣布がブッダの在世時代に実際に行なわれた、というのが仏教徒たちの信じているところである。紀元前後に、仏教はなおいっそうの広がりをみせた。大乗と呼ばれる新しい形態の宗教が、一部は出家者、一部は在家者であった遍歴の説教師によって唱えられ、一般大衆の要求に強い関心を示しつつ、新しい伝道活動を展開し始めたのである。この形態の仏教は、最初はインド、それから中央アジア、次いで中国、そして中国から朝鮮・日本・ベトナムというように、新しい文化の中心地に向かって広がっていった。

このように、仏教には人種や時代を超えて広く受容された信仰と実践の伝統がある。この意味で、仏教は〝普遍宗教〟ということができる。また仏教の主張に関しては、その教えが、全人類の精神的および道徳的な要求に対応しているという点で普遍的な意義をもつともいえよう。しかしながら、本書で扱おうとするのは、第一の意味での仏教の普遍的性格である。つまり、何を主張しているかではなくて、どのように一般に受容されたかという点である。

興味深いことに、仏教が広く信じられていたというまさにその事実によって、日本では仏教が受け入れられたのである。日本にとってこの新しい宗教は、百済《くだら》の聖明王が表敬と友好の印として遣わした使節によって大和朝廷にもたらされた。それは五三八年（一般には五五二年ともいわれる）のことである。この使節には仏教僧も随行しており、次のようなメッセージとともに、「釈迦仏の金銅像《かねのみかたひとはしら》一軀・幡蓋《はたきぬがさ》若干《そこら》・経論若干巻《きょうろんそこらのまき》」が献上された。

是の法《みのり》は諸の法《のり》の中に、最《もと》も殊勝《すぐ》れてまします。解《さと》り難く入り難し。周公・孔子も、尚し知りたもうこと能わず。此の法は能《よ》く量《はかり》も無く辺《かぎり》も無き、福徳果報《いきはいむくい》を生《な》し、乃至《すなわ》ち無上《すぐ》れたる菩提を成弁《な》す。譬えば人の、随意宝《こころのままなるたから》を懐きて、用《す》べき所に逐《したが》いて、尽《ことごとく》に情《こころ》の依《まま》なるが如く、此の妙法《たえなるのり》の宝も然なり。祈り願うこと情《こころ》の依《まま》にして、乏《とも》しき所無し。且夫《そ》れ遠くは天竺より、爰《ここ》に三韓《みつのからくに》に泊《いた》るまでに、教《みのり》に依い奉《う》け持《たも》ちて、尊《うやま》び敬わずということ無し。

（『日本書紀』）

素晴しい仏像やみごとな美術品の数々を背景に奏上されたこの声明文は、それまで人間に比べてたいして優れているとも思われない神々に祈願するよりほか、その術《すべ》を知らなかった人々にとって、じつに驚くべき啓示であった。

欽明天皇は群臣に尋ねた。「西蕃《にしのとなりのくに》の献《たてまつ》れる仏の相貌《かお》端厳《きらきら》し。全《もは》ら未だ曾て有ず。礼《いやま》うべきや不《いな》や」と。蘇我大臣が答えた。「西蕃《にしのとなりのくに》の諸国《くにぐに》、一《もはら》に皆礼《いやま》う。豊秋日本《とよあきずやまと》、豈《あに》独り背《そむ》かんや」

と(同書)。

私は拙著『東洋人の思惟方法』のなかで、例えばインド人と中国人、中国人と日本人とでは、その思惟方法が全く異なり、〝東洋〟と〝西洋〟というような大まかな区別ではとうてい割り切れないことを示した。そしてこの論拠として、私はインドを超えて広まった仏教の歴史に言及し、異なる国や文化を通過する過程で、この普遍宗教がいかに変容を受けたかを指摘した。例えば、中国仏教の項では、インドの仏教徒は抽象的な概念を好んで採択したが、中国でいかに特殊な具体的事例を強調するようになったか、インドにおいては普遍性を強調していたが、中国でいかに具体的な形で表現される複雑な多様性に関心が向けられるようになったか、さらには、インド思想一般にみられる形而上学的性格が、中国でいかに実践的な傾向にとって代わられたのか、などの点について私の見解を示しておいた。日本仏教の項では、現象世界を絶対と考える現世的な傾向がそもそもインド仏教にある事実に注目し、いかにそれが日本の仏教徒の間で顕著になったかという点に言及しておいた。

日本人は、普遍性よりも感覚的で具体的な事柄を重んじる性向を有するために、現象世界を絶対的なものとして受け入れやすいことに注意すべきである。仏教哲学はこのような思惟方法に基づいて受容され同化された。ブッダの悟りは経験的に到達できるものと見なされている。日本の禅者は、真の実在とは中国の禅者によって唱えられたような静的なものではなく、動的なものであると強調した。

日本の浄土教は、現世での積極的な活動に大きな意義を認め、理論的基礎を与えた。この点で日本の浄土教はインドや中国におけるそれと全く異なっているのである。日本の仏教は概して人間の自然の欲望や感情をそのまま認める傾向があり、それを抑制したりそれと闘ったりしようとはしないのである。仏教のいろいろな思想が愛の問題と容易に結び付いて説かれることがあるというのも、中国と同様に男女の愛は宗教と矛盾しないと考えられているからである。また、慈悲の徳がつねに強調されてきた。

日本人には狭い人間関係を重視する傾向があり、それが極端な形態をとると超国家主義となる。過去の日本の仏教徒は、その民族主義に都合がよく、矛盾しない教義を慎重に選び出し、国家は社会契約によって成立すると考えるインド仏教の見方を捨てた。特定の人物に対して絶対の帰依を捧げるという態度は日本人の著しい特徴であるが、それは日本の仏教にも大きな影響を与えてきた。その結果、諸宗派の信者はそれぞれの宗祖に強い尊崇の念をもち、宗祖を中心とした宗教的儀礼を行ない、ある場合には、宗祖のほうが開祖シャーキャムニ（ゴータマ・ブッダ）よりも傑出しているかのようである。

インドや中国と大きく隔たった日本の風土的特質は人々に特定な人間関係のなかで人間性を発揮することを要請してきた。日本人は大乗仏教の思想を採用したが、大乗仏教は絶対の真理を世俗生活のなかに捉えることを眼目とするものであった。そして本来世俗的な性質の教義を受容するに当たってさえも、日本人は巧みに現世的性格を付与したのである。日本の仏教の指導者は人人の生産活動を奨励した。在家仏教が強調され、僧侶の結婚も黙認された。僧侶にとっても在家信者にとっても、利他の行為が尊重された。

本書で私が意図しているのは、以上のこととは逆の側面である。すなわち仏教はさまざまな国を通過するなかで、少なからぬ変容を受けながら異なった文化に順応してきたが、それにもかかわらずその一方で、あらゆる国で広く受容されてきたというのも事実である。ここで生ずる問題は、このように遍く受容された事実をいかに説明するかということである。

二、伝道的要因

仏教の幅広い受容の歴史を眼のあたりにすると、われわれは仏教の教義のなかで普遍的にアピールしてきたものは何なのかを問いたくなる。この疑問を解く一つの方法は、普遍的な問題に対して仏教が与える答えを考察することである。ここでいう普遍的な問題とは、国籍・人種・伝統・時代がどうであれ、人間が人生において真理や価値を求め、いかに生きるべきかを知ろうと欲しているかぎり、つねに生ずる問題である。すなわち人間存在に直接かかわる問題を意味する。ブッダはこれらの問題をさまざまな表現の仕方で説明したが、その根底にはブッダが苦と呼んだもの、すなわち欲求の不充足とでもいうべきものへの人間共通の意識があり、それとともに苦の克服に関する解答すなわち方法の探求も含まれている。しかしながら、仏教だけが普遍的意義を唱えたのではない。キリスト教においても同様の主張がなされている。キリスト教もまた広範な受容の歴史をもち、その意味でこれもまた〝普遍宗教〟である。

この二つの宗教すなわち仏教とキリスト教は多くの点で明白に異なっている。両者は異なる時代、異なる地域、異なる状況、異なる土壌において誕生した。ゴータマ・ブッダはイエス・キリストより五〇〇年以上も前に世に現れて、インドで法を説いた。彼はバラモン教の思想と実践とを認めず、自由思想家の思弁をも拒んだが、一方では、インド人の基本的な人生観の幾つかを継承した。それに対し、キリストはパレスチナで法を説いたが、そこには論争すべき哲学説はなく、彼に敵対したのはユダヤ教徒のパリサイ派や律法学者であった。キリストは彼らの行為を批判したが、人格的創造神に対する信仰においては他のユダヤ人と同様であった。つまり神によって啓示されたとされるモーセや預言者の教えを認めていたのであった。しかし、彼は神を冒瀆したという罪を着せられて十字架にかけられた。キリストの使命は人生半ばで途絶させられてしまったが、彼を慕う人々が、のちになって彼の死に大きな意義を与えた。一方、ブッダは、人生の半ばにおいて悟りを得てのち、四〇年間にもわたって説法を続けて没したが、彼の死には特別何らの意義も与えられなかった。このように成立からして、二つの宗教は全く異なっているのである。

ところで、そののち、両者はともに世界のさまざまな地域へと伝えられ、種々異なった土着文化との出会いのなかで次第に変容していった。

したがって、われわれは、異なった状況下で生じる教義と実践の相違を認めなくてはならない。しかしそうした差異にもかかわらず、両者はよく似た歴史をもっている。まず発展の歴史がよく似ている。仏教が東方に広まり母国インドで衰退したのと同様に、キリスト教は西方に広まりヨーロッパを支配する宗教となったが、パレスチナではじつに創始当初から少数の人々の宗教であり、決してそれ以上のものにはならなかった。

両者は伝道的色彩が濃い宗教である。二五〇〇年もの長い間、仏教のどの宗派も世界中にブッダの教えを広めることを使命としてきた。文献によると、ベナレスでのブッダ最初の説法は次のように結ばれている。

祝福された人（ブッダ）は大地を揺がした。彼が転じた法輪は、神であれ人であれ、宇宙の何者によっても覆《くつがえ》されない。真理の王国が地上に伝えられて広がり、正義と善意と平安とが人類を支配するであろう。（『アングッタラ・ニカーヤ』）

教えは万人に知られるべきで隠されるべきではない。「ブッダが説いた法と戒とは顕わされたときに輝き、隠されたときには輝かない」（同書）。西洋ではキリストが同じような教えを説いている。「汝らの光を人々の前に輝かし、人々が汝らの行いを見て、天におられる汝らの父を崇めるようにしなさい」（『マタイの福音書』）と。

すべての生きものに優しい哀れみを抱いて、ブッダは「正義の王国を建設し、闇に覆われている人々に光を与え、人々に不死の門を開くこと」（『ヴィナヤ（大品）』）に着手した。さて、教団ができ上がると直ちに、ブッダは教えを広めるために十二人の弟子を伝道の旅につかせたが、その際、次のように命じた。「弟子たちよ、いざ旅立て。多くの人々の利益と幸福のために。世界に対して共感をもち、神々と人々の利益と幸福と善のために行なえ。ただ独りで行け。二人して行くことなかれ」(『ディーガ・ニカーヤ』)と。聖書にも類似の表現がある。

キリストとは「暗闇と死の陰に潜む人々を照らし、彼らを平和の道へと導く」者のことである。(『ルカの福音書』)

「彼(キリスト)は十二人の弟子を呼び集めて、あらゆる悪霊を制し病気を癒す力と権威とを授け、神の国を宣布するため、また人々の病気を治すために送り出した。『旅のために何も携えてはいけない。杖も袋もパンも金銭も持たず、下着も二枚持ってはいけない。どこかの家に入ったならばそこにとどまり、そこから出発しなさい。だれも受け入れる者がいなかったならば、その町を出て行くときに、抗議の印として足から塵を払い落としなさい』。こうして彼らは旅立ち、村々を巡って福音を伝え、いたるところで病気を治した」「そののち、主は別に七〇人を選び、これから行こうとする村や町に二人ずつ先立って派遣した。――さあ、行きなさい。私は狼の群れのなかに小羊を遣《や》るように汝らを派遣するのである」(同書)。新約聖書の大部分は、パウロの伝道の旅の記録と、こうしてギリシャ・ローマ世界に創設された教会へあてた彼自身の手紙とで構成されている。

原始仏教では、僧侶は在家の人々の指導者であった。僧侶は在家信者によって生活の糧を得、信者は僧侶によって精神的指針を得ていた。それゆえ、ブッダは弟子が不品行な行いをするのを非難した。彼らは他の人々の模範でなければならないからである。「僧たちよ、世俗にいて生活のために手工芸に励む者ですらその師を尊敬し尊重し恭敬する。汝らは世俗を捨て一切をこの教えと戒めに捧げているのであるから、彼ら以上に汝らの光を輝かし、品位ある規律を守り、汝らの師や長老ないしそれと同等の人々を尊敬し尊重し恭敬すべきである。僧たちよ、汝らの振る舞いは（今のままでは）、未改宗者を改宗させ教団を増大させる手助けにはならず、むしろ彼らの反発を招き、かえって遠ざけることになろう」（『ヴィナヤ（大品）』）。キリストは弟子たちにいった。「汝らの敵を愛し、迫害する者のために祈りなさい。汝らを愛する者を愛したとして、何の報いがあろうか。取税人でもそれと同じことをするではないか。同朋だけに挨拶したとして、何の優れた行いであろうか。異邦人でもそれと同じことをするではないか。それゆえ、汝らの天の父が完全であられるように、汝らも完全になりなさい」（『マタイの福音書』）と。

ブッダは、自分独りだけで「理解し、いわば面と向かって知見するだけでなく、その知識を他人にも知らせようとする。彼は形式と内容との両方において法としての真理を述べ、純粋性と完全性とにおいて高次の生のあることを世に知らせようとする」（『ディーガ・ニカーヤ』）。真理の贈りものはあらゆる贈りもののなかで最上であるからこそ、法（教え）は尊重され重視されるのである。キリスト教の文献では、キリストは人類に対する神の示現、神の言葉、受肉した神の啓示、命の糧、と見なされている。

精神的な贈りものは万人に授けられるべきであるが、そのことは無差別にということを必ずしも意味しない。「教えを軽視したり、非難したり、不当に扱ったり、あざけったり、欠点を探すような不心得者の手に、真理に満ちあふれたこの優れた法を渡すなかれ。また、あらゆる点で可能なかぎりのひどい扱いをする邪悪な者たちの手に渡すなかれ」。原始キリスト教にも、同様の教えが簡潔な形で説かれている。「神聖なものを犬にやるな。また真珠を豚に投げてやるな。彼らはそれを足で踏みつけ、向き直って汝らを噛み裂くかもしれない」(『マタイの福音書』)。

なお、仏教の教えは普遍的であり、すべての人を包括した。このように包括的で人を差別しない態度は大海に喩えられるほどである。「大海がただ一つの味、塩味であるように、この教えと戒めもただ一つの味、すなわち解脱の味である」。キリストもいっている。「人々が東から西から南から北からきて、神の国で宴会に連なるであろう」(『ルカの福音書』)と。

三、仏教とキリスト教との歴史の類似性

以上の伝道的要因に鼓吹された仏教とキリスト教との歴史は、顕著な類似点を幾つか見せている。

仏教およびキリスト教の歴史は、一方は東方へ他方は西方への発展と受容の歴史である。両者は異なる文化のなかで受容され、変容を遂げていくのであるが、それは拙著『東洋人の思惟方法』

に示したとおりである。われわれは、中国人と日本人がそれぞれどのように自分たちの文化の型を仏教の信仰や実践に当てはめたかをみてきたが、キリスト教の場合にも、小アジアやヨーロッパの人々の間でほとんど同様の事情が見受けられた。例えばイング司祭長によると、キリスト教における相違の幾つかはラテン人とチュートン人との気質の相違に由来するようである。また、大乗仏教に儒教と道教とが大きく影響したのと同じように、キリスト教の伝統においてはギリシャ思想がかなり大きな影響力をもっている。

ある時期、二つの宗教は同じような政治的混乱と社会的危難の状況下で発展したが、いずれの場合にも、中央の政治権力が崩壊していた。フン族とヴァンダル族の侵略があってローマ帝国が崩壊した(四七六年)のちに、教会はヨーロッパにその基礎を固め始めたが、それとほぼ同じころに仏教は中国で急速に広まり始めた。その一つの理由は漢帝国が衰退したことであった。漢の儒教は皇帝を宇宙の中心としたが、後漢の時代になると皇帝は派閥争いの傀儡《かいらい》となることがしばしばで、飽くことをしらない権力闘争の哀れな道具にすぎなくなってしまった。広大な土地を所有する貴族は経済的に自給自足しており、主人のためなら武装して戦うことも辞さない従者を大勢擁していた。あらゆる過去の栄光は消え失せてしまっていたのである。中国の民衆の混乱と狼狽は、次に挙げるソグド人の一商人の嘆きによく表されている。中国の首都の破壊と蛮民フン族の侵入を前にしての天子の恥ずべき敗走とを見たのちに、サマルカンドにいる仲間にあてて書いた手紙の一節である。

そして最後の皇帝――皆がそう呼ぶ――は飢餓のために洛陽から逃げ出した。宮殿と城市は火に包まれた……。洛陽はもはや存在せず、Ngap（さらに北の Yesh の大都）はもう見られない。（ライト『中国史における仏教』）

紀元三一一年のことであり、それは中国の歴史における転換期となっているが、あたかも四一〇年のゴート族によるローマの略奪と類似しており、商人の嘆きも聖ヒエロニムスのそれとよく似ている。

われわれの時代に起こったこの惨劇を思うときに、私は身の震えを覚える。二〇年以上にわたって毎日ローマ人の血が流された。それはコンスタンティノープルからユリウス・アルプス、スキティア、トラキア、マケドニア、ダキア……にいたる。これらすべての都が略奪され強奪され掠奪された。ゴート族・サルマタイ族……フン族・ヴァンダル族によって……。（ラッセル『西洋哲学史』）

以上はローマの略奪の前の状況であり、以下はその後の惨状である。

世界は確実に破滅に向かって進みつつある。残念ながら、われわれの罪は依然として残存しており、いまだに払拭されていない。ローマ帝国の名高い首都がものすごい炎に飲み込まれてしまっているのだ。（同書）

混乱と危難の時代という類似の状況下において、このように似かよった歴史および人間精神に対する洞察があったことから推して、これら二つの宗教、仏教とキリスト教とが幅広く受容されたのは、一つには、両者が人間の根本的問題にアピールしていたからではないかと考えられる。その問題に対する解決の仕方には、両者間で類似点もあり相違点もあるが、いずれにせよ勢力をもつようになった教義と実践とが普遍的問題というべきものに深くかかわっていたことは、認められるであろう。それは国籍・人種・文化の相違を超えて、いたるところでつねに提示される問題であり、かつまたその解決が要求され熱望されるものである。すなわち人間の状況・環境・運命に関する共通の人生経験から生じる問題なのである。

仏教の実践道の提示が、四つの聖なる真理（四聖諦）に含まれる現状分析から始まることは注目されてよい。それとほぼ軌を一にするように、キリスト教の教えも人間の罪深い現状の認識から始まっている。ブッダとキリストとはいずれもよく医者に見立てられる。キリストは「健康な者には医者はいらない」といったが、それと同じ一節で彼が罪人に悔い改めるように諭すのは、まさに医者を必要と感じている人々に呼びかけていたことを暗示している。キリスト教および仏教における他の教えは人間の意識の他の局面に訴え、その点で興味と反響とを引き起こしてきたと考えられる。

それゆえ、以下に論じる仏教とキリスト教との比較研究は、対象とされる教義および実践が宗教意識をもつ人間によって提起された宗教的問題にアピールしていると見なされるかぎりでは、宗教意識の研究として叙述されるであろう。私は実際に信仰の表明に言及するつもりであるが、比較という観点からの主題の取り扱いはそのレベルにおいてではない。そのレベルよりも深い部分にまで立ちいたり、仏教徒にとっての仏教およびキリスト教徒にとってのキリスト教とはいったい何を意味してきたのか、なぜ二つの宗教がそれぞれ〝普遍的な〟アピールをなし続けてきたのか、を探ろうとしている。私はそれを歴史家としての見地から探り、いずれの場合にも幅広いアピールと受容との歴史があるという事実を説明してみたい。

しかし、基本的には仏教の歴史・思想・実践という方面を扱うことになり、キリスト教の伝統における類似の特徴については、ほんの手短に言及するにとどまるであろう。というのも、本書はおもに西洋の読者を考慮しており、彼らはキリスト教について私自身よりよほどよく知っているはずであるからである。実際、私の興味はもともと仏教の発展・拡大の歴史にあり、それが主題の取り扱いを左右しているが、このような観点からの研究が、私自身を含めて他の人々が自分たちの宗教をいかに見ているか、を知りたいと思うキリスト教徒にとって、興味を引くものであればと願っている。そうではあるが、私は仏教とキリスト教とをそれぞれ全体として取り上げて、十分な規模で比較しようなどとは毛頭考えていない。逆に私の主題の取り扱い方は意図的に選択されている。私はただ、普遍宗教を標榜する仏教がなぜ母国以外のさまざまな国の人々に幅広く立派に受容されるまでになったかという疑問に答えてくれるかぎりにおいて、二つの伝統の類似した特徴に関心をもっているのである。キリスト教に言及した理由は、それが類似の主張と類似の幅広い受容の歴史をもつもう一つの普遍宗教であるからである。それゆえ、以下の比較においてキリスト教よりも仏教の肩をもったり、あるいはその逆であったりというようなあらゆる偏った価値判断は避けられると思うが、ただみずからがそのなかで育まれた伝統である仏教に最初に関心をもった者の視点からキリスト教をみるということは避けられない事実である。

第二章　仏教の道とキリスト教の道

一、信仰の道

仏教とキリスト教の伝統を比較して取り扱うときには、つねに両者の明らかな相違を考慮に入れておかなければならない。その幾つかは、他よりもずっと明白である。

まず、時間と場所の相違である。

ブッダはキリストよりも五〇〇年くらい前にこの世に現れて教えを説いたが、彼の伝道はインドに限られていた。キリストはユダヤ教の預言者に預言されていた救世主であり、キリスト教の土壌はユダヤ教の信仰であった。

仏教の土壌は一般にインドのヒンドゥー教と見なされているが、学者はより厳密に、バラモン教とそれを批判する諸宗教という言い方をしている。

背景がこのように異なれば、根本的な見解も当然異なってくる。特に仏教では、現在の生は広大な宇宙でさまざまな形態をとりながら流転する悠久な生全体の単なる一区切りにすぎない、と信じられている。この輪廻の信仰はキリスト教には異質のものである。オリゲネスら少数のキリスト教徒はそのような考えを抱いていたようではあるが。他方、キリスト教の思想と実践との基本的な前提が、ユダヤ人と同様に、創造神に対する信仰であったということは重要である。そのような信仰は仏教にはないけれども、ただ、永遠のブッダという後代の思想は、この点で仏教の見解をキリスト教に近づけたといえるであろう。

仏教とキリスト教は世界中のあらゆる地域に広まっていく過程で、異なる文化圏のさまざまな思想と接触し、それらから影響を受けた。キリスト教の場合には、ギリシャ思想との出会いがあった。

仏教は発展の過程で、ヒンドゥー教の民間信仰に強い影響を受け、その結果、密教というヒンドゥー教化された大乗仏教の形態が生まれた。中国とその近隣の国々では、仏教はしばしば儒教や道教の術語によって解説された。日本仏教では儒教に加えて神道の要素が重要である。

以上のような相違はあるが、それにもかかわらず、比較可能な地平はたしかに存在する。まずいずれの場合にも、特別傑出した開祖の使命と教えとにその始まりがあり、開祖に対して今も変わらぬ尊敬と帰依とが捧げられているという伝統がある。その一人である歴史上のブッダすなわちゴータマ（シャーキャムニ）は、開祖としての彼自身に対する信仰について疑義を提起しているが、キリスト教の場合には、そのような信仰がはっきりと求められており、「キリスト教はキリストである」といわれてきたほどである。

「獄吏はパウロとシラスの前にひれ伏して問うた。『ああ、私は救われるために何をしなければならないのですか』。彼らは答えた。『主イエスを信じなさい。そうすれば汝は救われるだろう』」（『使徒行伝』）。

これと同様に「仏教はブッダである」といえるのではないかという提言もあるが、しかし、この提言は仏教の信仰面全体にかかわる問題を提起している。たしかに仏教史の後期には、仏教のある局面にこの種の要素――浄土教の伝統における阿弥陀仏の誓願に対する信仰――があることは認めるが、はたして仏教全般あるいは原始仏教にそのような要求を見いだせるだろうか。信仰を形成する要素であるとは認められるとしても、はたして教え（法《ダルマ》）に対する信仰とは別の、開祖自身に対する信仰が、キリスト教と同じような形で求められているだろうか。開祖はどのように見なされていたのか、という点についていえば、初めのうちブッダは非常に賢明な師であると見なされていたにすぎず、われわれと同じく誤りを免れ得ないただの人間であった。

ビルマのティッティラ師はいう。「ブッダはその方法として合理性を重視したので、彼自身や彼の教えに対する絶対的な信仰を求めなかった。むしろブッダ自身がカーラーマの人々に教えたように、伝統によるからとか、偉大な人物によって説かれたからとか、世間に認められているからとかというだけの理由で何でも信じてはならない。たとえブッダがそれを説いたとしても」。

ブッダは死に臨んで侍者アーナンダ（阿難）に諭して、弟子が依り所とすべきものは規範（法《ダルマ》）である、と言った。「アーナンダよ、あるいはのちに汝らのなかでこのように思う者が出るかもしれない。『師の言葉は終わった。われわれにはもはや師はいないのだ』と。しかしそのように見なしてはならない。汝らのために私が説いた真理（法《ダルマ》）と教団の規則（律《ヴイナヤ》）とが、私の死後に汝らの師となるのである」（『大パリニッバーナ経』）。規範（法《ダルマ》）こそ弟子たちが依り所とすべきものである。「いかなる教えと戒めにおいてでも、八つの聖なる道（八正道）が認められないところには、真実の道の人は認められない」（同書）。

初めのころ、弟子たちにとってブッダは単なる一人の人間であり、それ以上のものではなかったが、時が経つにつれてブッダは徐々に高く称揚されるようになり、ついには信者の目には超自然的な存在となった。ブッダ自身は、彼を神のような存在として崇拝する傾向をよしとしなかったようである。ある弟子がブッダを比類のない偉大な聖者であると激賞したのを叱責してさえいるのである。

サーリプッタ（舎利弗）長老は尊師のいる場所に近づいた。それから尊師に挨拶して、一方に座して言った。「尊師よ、私は尊師に対してこのように信じています。すなわち、修行者であろうとバラモンであろうと、悟りに関して尊師よりも偉大で賢明な人は過去にも未来にももまた現在にもいないであろう」。（師は答えた）「汝が発したこの言葉は、じつに尊大かつ大胆である。汝は過去のすべての尊師のことを、心に関して心でもって理解して、尊師がどのような行為をし、どのような智慧をもち、どのような解脱を得ていたか、などを知っていたのか」『そうではありません』『それでは汝は未来のすべての尊師のことを心に関して心でもって理解しているのか」「そうではありません」「しかしサーリプッタよ、少なくとも私のことは知っていて、私の心は理解しているのだろう」「そうではありません」「それではサーリプッタよ、過去・未来・現在の目覚めた人々の心を知らないということを知っていて、どうして汝の言葉はそのように尊大かつ大胆であるのか」（同書）

そうではあるが、ブッダの教えはやはり権威あるものと認められている。彼は悟った人であり、弟子たちの及びもつかない英知から語りかけてくるのであった。また、〝世界の眼〟であった。それゆえ、上座部はパーリ聖典をブッダ直説の書と信じて尊重しているが、それはキリスト教徒の新約聖書に対する敬意と相通ずるものである。

仏弟子たちは、次のような別称を用いてブッダをたたえた。応供・正偏知・明行足・善逝・世間解・無上士・調御丈夫・天人師・仏・世尊である。

時の経過とともに、仏弟子たちはブッダを〝尊師〟と呼ぶようになったが、そこには偉大な師に対する単なる尊敬をはるかにしのぐ崇拝と信仰とが含まれていた。「ブッダよ、私はあなたに帰依します」というのが最初期の信仰告白であった。シャーキャムニ（仏）は間もなく教え（法）や教団（僧）と関連づけて考えられるようになり、合わせて〝三宝〟と呼ばれた。

のちの仏教徒たちは以下のように信じるようになった。

ブッダたちの言葉は必ず果たされる。彼らが語ることは真理から離れない。空中に投げられた石が落ちるように、死すべきものが死ぬように、夜明けに太陽が昇るように、ライオンが巣から出るときに獅子吼するように、女性が赤子を産むように、これらすべてが確かで間違いがないように、そのようにブッダたちの言葉は確実で必ず果たされるのである。(『ジャータカ』)
キリスト教の文書にも、これに類似したくだりがある。
天地は滅びるであろう。だが私の言葉は滅びることがない。(『マタイの福音書』)
律法の一画が無価値となるよりも、天地が滅びるほうがもっとたやすい。(『ルカの福音書』)
初期の経典の散文の部分では、ブッダはたしかに権威をもって語っている。イエスも同様に「律法学者のようにではなく、権威をもった者のように教えを説いた」(『マルコの福音書』)といわれる。
ブッダは、「私は王ではあるが、無上の真理の王である」と述べたと伝えられる。一方、キリストも同じような調子でピラトに答えている。ピラトが彼に問うた。「それでは汝は王であるか」。イエスは答えた。「そのとおり、私は王である。私は真理について地上に証しをするためにこの世に生まれてきたのである」(『ヨハネの福音書』)。
ブッダには超自然力が備わっていると考えられた。原始仏教の経典では早くから、空中を駆けるといったような神通力が述べられている。ブッダは乞食用の鉢のなかのわずかな食物で一度に五〇〇人の弟子の食事をまかない、そこにはさらに多くの残りものがあったという。これはキリスト教において、五〇〇〇人の食事をまかなったという話とよく似ている。
上座部はブッダ自身に対する信仰と区別して、ブッダの教えに対する信仰を強調するが、その一方で、実践面でブッダの日常生活をつねに忘れまいとしてきたことは重要である。ビルマの加入式では、若い見習僧の心に、模範とすべきブッダの捨《しゃ》と忍《にん》の精神を思い起こさせようとする。

そしてブッダがいかにしてブッダの特質を身につけたかを示すために、『ジャータカ』からの物語が語られる。要するに、教えに劣らずブッダとしての特質が強調され、彼を見習うべきことがつねに思い返されているのである。

しかしながら、ブッダを称揚する傾向が最高潮に達したのは、大乗仏教の伝統のなかで、阿弥陀仏の浄土の概念と阿弥陀仏の誓願に対する信頼とにおいてである。大乗仏教の伝統では数多くの仏と菩薩とが〝救世主〟として崇拝されるが、浄土教では一般に阿弥陀仏への信仰が強調された。また日蓮は『法華経』に説かれる久遠の釈迦牟尼仏への信仰を力説した。日蓮によると、われわれ末法の世の凡夫は本源的な久遠の仏に対する信仰なくしては決して救われないとする。

大乗仏教の場合には、歴史上のブッダが背後に追いやられ、阿弥陀を初めとする諸仏・諸菩薩が実質的に彼に取って代わっている、という指摘がときどき聞かれる。キリスト教の幾つかの組織にも聖人に対する同様な崇拝がみられ、信者は直接キリストに訴えてもよい場合でも、聖母マリアや聖アントニウスに救いを求めたのである。いずれの場合にも、そのような習慣があるからといって、開祖に対する信仰が欠けているとはいえず、開祖への信仰は聖人や菩薩に帰するという行為に含まれていると説明できるであろう。「一仏の名を唱えることは一切仏の名を唱えることである」。また、阿弥陀仏の誓願に帰依する浄土教の伝統では、歴史的ブッダの教えを真に明かしたとされるナーガールジュナ（龍樹）に端を発する師資相承の最後に親鸞が列せられているということも注目してよいであろう。ブッダに対するこの信仰に際立った要素は報恩の念である。

まずブッダの教えに対する感謝の念があった。ブッダは道の発見者であり、目的としての涅槃へいたる道を示した人である。ブッダはシャーキャ族の偉大な聖者、つまりシャーキャムニであり、じつに慈悲心に富む人物であった。時が経つにつれて、この慈悲が菩薩（文字どおり訳すと〝悟りをめざす者〟）として知られるブッダ的存在の概念によって強調されるようになった。菩薩は慈悲の心に満ちあふれており、〝他者救済〟の源となって、衆生をして〝道〟を歩ましめんがために、この無常の世に踏みとどまっているのである。

報恩の念のある信仰の一つの証しは安らぎであった。後代に親鸞は、信仰のいたらなさの印として安らぎのないことを嘆いている。

浄土真宗に帰すれども
真実の心はありがたし
虚仮不実《こけふじつ》のこのみにて
清浄の心もさらになし
……
悪性《あくしょう》さらにやめがたし
こころは蛇蝎のごとくなり（『悲歎述懐和讃』）
……

キリスト教と仏教にはともに開祖に対する信仰の要素があり、その教えと同時に、開祖の個性および人格にも言及されている。いずれの場合にも、開祖は教えを説くのに十分な特別の資格をもつ者と見なされている。ブッダは覚者として、キリストは唯一神の啓示者としてである。このように、教えに対する評価とは別に、教えた人物の評価もあるのであって、この点で、宗教は哲学と異なるのである。哲学は諺にもあるとおり、学説そのものだけで評価され容認されるが、宗教の場合は、説かれる教えの具体的で確かな例証として、尊敬に値する傑出した人物の出現が、その教えを普遍的にするかどうかにきわめて深い関係があるように思われる。例えば、現在のヒンドゥー教は普遍宗教になりつつあるが、それはラーマクリシュナその人の教えに負うところが大きいのである。

二、信仰と理性

仏教の場合、ブッダ自身が主張したからでもあるが、理性に対する信頼によって開祖への信仰は制約されている。この点において、仏教とキリスト教の歴史がはたして本当に類似しているのかという疑問が当然生じてくるであろう。

仏教が本質的に理性的であるのに対し、キリスト教は信仰の必要性を高揚して理性をほとんど省みず、理性的論証にも信頼をおかない、とはよくいわれることである。この結論の根拠として、「不合理ゆえにわれ信ず」というキリスト教徒の言明がよく引用される。

このような結論はなお検討の余地がある。キリスト教思想の長い歴史全体、そして、その思想がヘーゲルらの近代西洋の哲学者たちとの接触によって、影響を受けてきた過程が考慮されるならば、異なった見解も現れるであろう。

仏教には明らかにブッダに対する信仰があるにもかかわらず、仏教徒たちは、それは決して理性を侮ることにはならないと主張してきた。例えば、ティッティラ師が論じるように、ブッダは「われわれは理性と合致し、すべての生きものの最高の幸福と利益とに資するもの だけを信じるべきであると教えた。ブッダの弟子たちは教えの基本をなしている真実を証拠だてるものをすべてみずから調べ上げて、なるほどそれらは真実であるとみずから体験するまでは疑うようにと論された。そしてそれらの真実性が証明されて初めて、それらを受け入れるのである」。ブッダは弟子たちに、精神が三昧《さんまい》の状態にあるときにものごとを深く考察するようにと教えた。「しかし、異説者たちが私や教えや教団のことを非難するときには、汝らは偽りの部分を解明し、それが誤りであることを指摘すべきである。『かくかくの理由でこれは事実ではない。それはそうではなく、そのようなものはわれわれには存在せず、われわれのなかには見いだせない』と」(『ディーガ・ニカーヤ』)。

経典には、ブッダが多少ともソクラテス式問答法で対話者と問答している姿が少なからず描かれている。彼はまず対話者の主張ないし立場を認めるが、知らないうちに相手に最初の立場と異なる立場を受け入れざるを得なくさせてしまう。

キリスト教の福音書のなかにはキリストをそのように描写している個所はごくまれにしかなく、したがってソクラテス式問答法はほとんど全くみられない。ソクラテス式問答法に最も似通った方法がとられたのは、わずかにキリストが律法学者およびパリサイ人と対論して、彼らが信仰と行為との内容を十分に考えていないと非難する場合においてである。

汝らパリサイ人よ、汝らは杯と皿の外側はきれいにするが、汝らの内側は貪欲と邪悪とに満ちている。汝ら愚か者よ、内側を清くすれば外側もおのずから清くなるのではないか。(『マタイの福音書』)

ここでパリサイ人は罪深い者と見なされているばかりでなく、〝愚か者〟と呼ばれている。つまり、非理性的であるからもう一度考え直すようにと諭しているのである。だがキリストはブッダとは異なって、弟子たちに、彼らの主張に対して〝かくかくの理由〟を述べさせず、また教えのなかで知的な議論をあまり用いない。彼の言葉は議論の言葉であるというよりも、むしろいわば描写の言葉であり、そのため福音書には、種を播く人とか善きサマリヤ人といったような非常に多くの喩え話が出てくる。この形式は仏教にもみられ、大乗経典には、『ルカの福音書』のなかの喩え話と似通った放蕩息子の喩え話がある。あらゆる宗教の伝統において、宗教的真理が生きとした描写を与える物語の形式で説かれてきたということはいうまでもない。

しかしキリスト教の伝統では、キリストがそのような描写形式を用いることが特に顕著であり、新約聖書そのものにそれが際立って表れている。

そしてまたキリスト教は、他の宗教の伝統が描写形式の教えを、もっと哲学的な性格の教えで補ったようには補っていないのである。聖書は智慧の記述を含むが、預言とか物語といったような他の聖書文学と比較すると、それはきわめてわずかである。

聖パウロは、人類はすべて神の子孫であるとうたったギリシャの詩人たちを引き合いに出して、アテネの人々を説き伏せたと伝えられる。彼は、人間がすべて神の子孫であるから、神を、人間の技術や工夫で造った金や銀や石などの像と同じものと考えてはいけない、と論じた。だが彼は、そのような議論を快く思わなかった旨を書簡にしたためている。それによると、彼が宣べ伝えなければならないのは、〝十字架にかけられたキリストの真実〟であり、それは〝ギリシャ人たちにとっては愚かなもの〟なのである。「この世が自分の智慧によって神を知ることがないのは、神の智慧によるのである」(『コリント人への手紙第一』)。その智慧は、神自身の〝隠された智慧〟とは異なるものである。このようにパウロは、成人の間で智慧を語るが、この智慧は「この世の過ぎ去っていく支配者たちの智慧ではない」(同書)と主張する。

紀元二世紀にテルトゥリアヌスは、聖パウロがアテネでの説教を思い直したという提言を行なった。

彼はアテネに滞在し、そこで真理を知ったようでそのじつそれを改竄してしまっている人間の智慧の価値をみずから知ったのである。……エルサレムとアテネにどんな共通性があるだろうか。……キリスト教が、ストア学派やプラトン学派的あるいは弁証法的である必要がどこにあろう。われわれにはイエス・キリストが存在し福音書があるので、そのような学説など必要ないのだ。……われわれの宗教は満ち足りているのである。

テルトゥリアヌスの有名な批判は、キリスト教において今日まで綿々と続いてきた典型的な見解であり、あまたのキリスト教徒が今日でも信じている内容である。すなわち、罪によって汚された人間の理性は信頼するに足りず、また人間は善行によっては救われないのであり、知的努力もこの範疇に入るのである。そしてキリストに対する信仰だけが必要とされるすべてであり、聖書に記録された神の啓示が宗教的真理の唯一かつ十分な根拠で、ただ一つの基準なのである。数多くの現代のキリスト者たちが、これに類した意見を述べている。

彼らによると、たとえキリスト教徒が理性を認めたとしても、それに対する信頼は、仏教徒に比べるとほとんどないに等しいというのである。

しかしながら、異なった結論をもたらしてくれる別のキリスト教思想の伝統もある。それによると、人間は神から授かった理性的能力をもっていてそれを行使することができるが、その理性は罪のために完全に無力になったわけではないのである。人間は神の姿に似せて創造されたものであるから、キリスト教徒だけでなく、いたるところのあらゆる人間がこの能力をもっていることになる。理性の光によって、人間は神を認識するようになる。その「見えない属性は……天地創造以来、被造物において理性の眼に認められているからである」（『ローマ人への手紙』）。

殉教者ユスティノスは、いわゆる無神論者といえども理性に従って生きるならば、キリスト教徒と見なされうると説いた。彼はソクラテスやヘラクレイトスの名前を、アブラハムやエリヤと並べて挙げている。

「あらゆる哲学の学派は、神の真の言葉の破片である真理の断片を含んでいる」(『ストロマティス』)とアレクサンドリアのクレメンスはいった。

また、オリゲネスは次のようにいう。「あらゆる理性的被造物は神の言葉すなわち理性を分有している。そしてキリストである智慧と正義のいわば種子をみずからの内に植えつけている」。オリゲネスは、理性を十分に利用して聖書の前提とその含意を解明したばかりでなく、キリスト教の思想を非キリスト教の思想に関連づけた、いわゆる〝体系的〟神学者の長い系譜の筆頭に列せられる人である。

キリスト教が勢力を伸ばし、ローマ帝国と西洋世界を支配する宗教となっていくにつれて、ギリシャの哲学用語が教会の教義のなかに入り込んできた。ロゴスの概念は聖書の信仰と異教徒の哲学との間の橋渡し的な役割をもつものとして用いられた。

西洋(ギリシャ)思想とそれに影響を受けたキリスト教との教義の両方にロゴスの概念がみられ、その結果、理性が尊重されるにいたるが、それは、仏教の教義がダルマの概念によって影響されていった道程と比較されうるであろう。ブッダは形而上学的問題については沈黙を守り、あらゆる哲学思想の部分的真理性を主張したといわれるが、それは必ずしもブッダが哲学的思索そのものをやめてしまったことを意味しない。ブッダは人間存在に関して普遍的規範が適用されうることを認めていたのである。

仏教では種々の思想の部分的真理性を説くが、それは人間存在の内に普遍的理法があることを前提とする。人間がすべてのものに対していかに懐疑を抱こうとも、懐疑的な思考という現象それ自体はある種の普遍的理法――それを把握することは非常に困難であるかもしれないが――の存在を立証している。人間はそれを認めずには首尾一貫した思考を遂行できないのである。仏教徒たちは、われわれ人間存在の内に多くの普遍的で不滅の規範が働いていると考え、それをダルマ（法）と呼んだ。ダルマという言葉は、語源的には〃保つもの〃という意味である。ゴータマは〃法を語る人〃と呼ばれた。真理に従って、（ヴェーダの権威や伝統に頼らず）教えを説いた人であるからである。この点で、ゴータマ・ブッダの立場はきわめて合理主義的であり、また規範主義的であったといえよう。ブッダは何らかの伝統的権威に基づいて自己の神聖性を主張することをしなかった。ブッダの偉大さはブッダ自身が真理を見たという事実にあるのであって、それ以上の何ものでもなかった。ブッダはいった。「法（真理ないし教え）を見ない者は私を見ない。――法を見る者は私を見る」（『イティヴッタカ』）と。

仏教のすべての学派は、人間存在を支配し理性によって知られうる、法と呼ばれる普遍的理法を前提としている。普遍的理法はあらゆる存在に適合し、宇宙の本質と一致するものである。

法という言葉はしばしばブッダの教えと同じ意味に用いられるが、この意味では法は実際には教義《ドグマ》ではなく、むしろ道すなわち人類の普遍的規範と考えられるべきである。この点に関して、孔子や孟子の主張のなかに驚くべき類似性が見いだされる。「子曰く、天、徳を予《われ》に生《な》せり。桓《かん》魋《たい》其れ予を如何にせん」(『論語』)。孟子によると「永言《なが》く命に配し、自ら多福を求む」(『孟子』)。

ブッダは、法すなわち正しさこそが地上でも天界でも幸福に達するための唯一の道であると断言するが、この点で、中国の思想家たちも似通った主張をしていることがわかる。孔子は天命が一切を支配していると主張し、老子は道に打ち勝つことはできないと説く。彼らはすべて、道徳律を犯す者は結局みずからを破滅に導くと考えていたのである。

西洋において法(ダルマ)の概念に対応するものはロゴスであるといえる。もっともロゴスが言葉を意味する場合には、それはインドのシャブダないしヴァーチに相当する。宇宙の事象にリズムがあること、唯一永遠な理法の下で自然が調和を保っていること、これをヘラクレイトスは世界の運命とも秩序(ディケー)とも理(ロゴス)とも呼んだ。

ブッダは普遍的な理法の思想により、すべての人間の救済を説こうとしたが、ヘラクレイトスもまた、ロゴスは普遍的なものであると見なした。「人間は(普遍的な理法、すなわち一切に)共通なものに従わなければならない。しかし理法が普遍的であるのに、大多数の人は、あたかも自分だけに特別な見識があるかのように生きている」。

個人の尊厳は普遍的理法に基づくのであって、その反対ではない。仏教徒たちは最初期から「如来が世に出ようと出まいと、この理法は永遠に存在するものである」と説いていた。これに対応するものとして、ヘラクレイトスの次のような言葉がある。「一切に平等なこの秩序ある宇宙（コスモス）は、神々や人間が創造したものではない。それは過去・現在・未来を通じて矩《く》（のり）に従って燃えて矩に従って消える永遠に生きた火である」（『断片』）。

人間存在の根底にある理法は、仏教徒によって〝甚深〟かつ〝不可思議〟と説かれているが、ヘラクレイトスも同じことを述べている。「（宇宙の）理法はここに説かれたとおりのものであるが、人々はそれを理解しないのがつねである。それを聞く前も、一度それを聞いてからも……。なぜなら、万物は理法に従って生成してくるが、彼らはまるで知らない様子なのである」（同書）。仏教では、理法を体得した人は〝目覚めた人（ブッダ）〟と呼ばれるが、それは夢・幻と形容される迷妄から目覚めることを譬喩的に意味している。ヘラクレイトスにもこれに対応する表現があるのは興味深い。「われわれは、眠っている者のように行ない語ってはならない」（同書）。

プラトンの哲学では、善のイデアがあらゆるイデアの根源であり、最上である。真に実在するものと真に善なるものとは同一である。善のイデアはロゴスであり、宇宙の目的である。彼によると、宇宙はもろもろのイデアの論理的な体系、有機的な統一体であり、宇宙的な目的としての善のイデアに支配されているという。哲学の任務は、理性を働かせて宇宙の内的秩序ともろもろの連関とを理解し、論理的思考によってその本質を把握することである。

ストア学派の主張によると、あらゆる生命と運動はロゴスに基づいており、ロゴスは神である。それは生命の胎芽、すなわち種子を包含している。あたかも植物が種子のなかに潜在しているように、全宇宙はそのなかに潜在する。全宇宙はただ一つで、統一があり、生きていて、結合された全体を構成している。すべての特殊な事物は、永遠に活動状態にある神的で根源的な力がとった一定の形式である。活動を展開する生産的形成力としての神は、生命の原理、創造の理法である。それはかぎりなく多様な現象のなかで、それらの事物の独特で特殊な形成力として展開する。

世界における神的活動の総体を、フィロンはストア哲学の観念に従って〝ロゴス〟と呼んでいる。ロゴスは一方ではそれ自身に依存している神的な英知であり、最高実在の合理的生産力であるが、他方では神から現れ出る理性であり、自足的な像であり、最初に生まれた息子であり、神のように始原のないものではないが、われわれ人間のように生起したものでもない。彼は第二の神なのである。

ロゴスの概念は『ヨハネの福音書』に明らかなように、早い時期にキリスト教に導入された。

新プラトン主義的なキリスト教は、流出の原理によって、キリストと同一視されたロゴスを一種の第二次的な神、すなわち超越的な神と感覚的事物の世界との間の中間者とみる傾向があった。オリゲネスはキリストをロゴス、すなわち超越的な神の英知が人間としての形態をとったものと考えた。ユスティノスにいわせれば、神は外的には彼の創造を完成することによって自己自身を顕現したのであるが、内的には彼の姿に似せて創造された人間の理性的本性を通して自己自身を顕現したのである。

法(ダルマ)の概念とロゴスの概念との間には多くの類似点があるが、それにもかかわらず、東洋の法の概念は人間の行為を律する主体的なものと考えられるのに対し、西洋のロゴスの概念は人間がそのなかに生きている世界ないし自然環境を支配する客体的なものと考えられる。

その後のキリスト教思想のすべてに絶大な影響を与えた二人の思想家は、ヒッポの聖アウグスティヌスと聖トマス・アクィナスである。

聖アウグスティヌスは、人間は〝他力〟(この場合は神の恩寵)に依存すべきであると強調した点で、浄土教の諸師と比較されるであろう。しかし、彼はまず第一に新プラトン主義に強い影響を受けており、このことは彼の著作にも反映されている。おそらく罪の問題の議論において特に顕著であろう。

聖トマスはもう一人のギリシャの思想家アリストテレスに影響を受けており、神の存在その他、キリスト教で信じられているものは合理的に論証されうるという見解をもっていた。この伝統下にあるカトリックの神学者たちは、いかなる理性の軽視に対してもきわめて批判的である。

近代において、プロテスタントの神学者たちは、カント、ヘーゲル、ホワイトヘッド、その他の自由な思想家たちの大きな影響を受けた。日本では、仏教者はしばしばカール・バルトに影響されたキリスト教の教師と出会い、そこからキリスト教徒は理性に依存することに懐疑的であるとの印象をもったかもしれないが、パウル・ティリヒと出会った他の人々は、逆の印象を受けた。

それゆえ、種々さまざまなキリスト教思想の学派の歴史が十分に考慮されるならば、キリスト教は理性を軽視してきたなどということはほとんどいわれなくなるであろう。ある場合には、徹底的に理性に訴えるまでになったのである。彼らはこの観点から聖書を判断し、理性に合致すると見なされるものだけを聖書から取り出すのである。

ところで、以上の二つの普遍宗教において、多くの思想家が理性を尊重した結果、盲目的な信仰に代わって知性的な信仰が台頭してくるにいたった。このことはとりわけ、これらの宗教が、人間は理性的な存在であり理性を用いないわけにはいかないという事実から生じる問題を取り扱ってきたことを意味している。したがって仏教とキリスト教は、ともに人間の本性におけるこの側面を考慮したがゆえに、幅広く受容されたと結論づけてよいであろう。単に人間の情緒だけにアピールしたというのではないのである。キリスト教における信仰の要求と理性の尊重との間の緊張は、仏教におけるよりもおそらくずっと強かったと思われるが、両者ともに多少なりとも批判的かつ知的な精神にアピールしてきたのである。

三、理性の限界

答えようのない問題に対してまで人は疑問を抱きうるのだということが理解されるに伴い、理性の限界に対する配慮が生まれ、理性への尊重にもかげりが生じることになる。このことは仏教の場合、特にはっきりしている。

ブッダの時代には、思想の自由が大いに認められていた。当時、盛んに行なわれていた種々の哲学的かつ宗教的な体系は二つの部類に分けることができる。すなわち、正統派と異端派である。

インド人一般の見地からして、正統派宗教とはバラモン教であり、それはヴェーダ聖典の権威を承認する宗教である。これに対して、当時の異端派思想家たちはヴェーダ聖典の権威を認めようとせず、自由でしばしば恣意的な思索を行なった。彼らは唯物論・快楽論・苦行論・決定論・懐疑論・道徳否定論などを唱えた。これらのさまざまに異なる見解に対して、ブッダはどのような態度をとったであろうか。

ブッダは、多くの哲学説が互いに矛盾しているという事実に注目した。哲学者たちはいずれも、自分の説が絶対に真実で他の説は虚偽を含みさまざまな誤謬に基づいている、と主張していたのである。「ある人が真理であり真実であるというその見解を、他の人は虚偽であり虚妄であるという。出家修行者たちはどうして同一のことを語らないのであろうか」。彼が導き出した結論によると、争い合う諸思想を客観的視点から眺めると、それらが互いに対立し抗争しているという点では、いずれも相対的であり一方的であるということである。

じつにバラモンや修行者たちは種々の見解に執著している。
それらについて論じ合い、互いに争い合う。
哀れな彼らは一部分のみを見ているにすぎないのである。(『ウダーナ』)

すべての形而上学的見解は真理の全貌を部分的に理解しているにすぎず、真理そのものは合理的な分析の彼方にあってわれわれの認識の領域を超えている。この点について、原始経典は〝盲人と象〟という有名な喩え話を伝えている。

あるとき、多くの修行者やバラモンが集まり、議論を始めた。ある者は「世界は常住である」と語り、他の者は「世界は常住ではない」と語った。ある者は「世界は有限である」と主張し、他の者は「世界は無限である」と主張した。またある者は「身体と霊魂は異なっている」と説き、他の者は「身体と霊魂は同一である」と説いた。ある者は「如来は死後も存在する」と述べ、他の者は「如来は死後には存在しない」と述べた。ついには争いとなり、激しく相手を罵る言葉が交わされた。僧たちがこの争いをブッダに告げたところ、ブッダは次の喩え話を語ったという。

昔、ある国王が多くの生まれながらの盲人を集めた。彼らが集まると、王は象を彼らに見せるように命じた。象が連れてこられ、彼らのある者には象の頭に、ある者には耳に、ある者には牙に、またある者には鼻に、そして最後の者には尾に触れるように命じた。それから王は彼らに質問した。「象とはどのようなものであるか」。象の頭に触れた者は「象は瓶のようなものです」と答えた。耳に触れた者は「象は箕《き》（ざる）のようなものです」と答えた。牙に触れた者は「象は犂《すき》の刃のようなものです」と答えた。鼻に触れた者は「象は犂《すき》の柄のようなものです」と答えた。最後に尾に触れた者は「象は箒《ほうき》のようなものです」と答えた。たちまち大騒ぎが起こった。それぞれが「象とはこれこれのようでありそれ以外ではない。それはそのようなものではなくて、このようなものである」と主張し合い、最後には拳をもって争った。そのありさまを見て国王は大いに喜んだ、という。（『ウダーナ』）

ちょうどそれと同様に修行者やバラモンたちも、それぞれが真理の一部分をみているにすぎないのに、「これが真理であり、それ以外ではない、真理はそのようではなく、このようである」と主張していると、ブッダは結論づけた。〃盲人と象〃の喩え話は東西を通じてよく知られているが、原始仏教では、いろいろな思想の部分的真理性を主張するものであると解釈されている。

ブッダだけが真理全体を把握することができたのである。合理的な分析は理性の限界を明らかにするために有益であり、形而上学的な対立を離れることによってわれわれは真理を把捉することができるのである。

ゴータマは「私の説は真実であり（汝の説は）虚偽である」と主張しようとはせず、他の哲学者たちと争おうともしなかった。彼はいった。「私は世間と争わない。しかし世間が私と争う。真理（ダルマ）を知る者は決して世間と争わないものである。世間の賢者が『なし』と認めるものを、私も『なし』と説く。世間の賢者が『あり』と認めるものを、私も『あり』と説く」。哲学的な対立を離れることによって、人は精神の安らぎを得ることができるのである。悟りそれ自体は公式化できないものである。かくして仏教では他の教義と対立するような教義を主張したことはなかった。もちろん仏教も時の経過の所産として多くの異なる思想体系を発展させたが、後代の仏教徒でさえも、それを他に強制しようとはしなかった。いろいろな思想に対するいわゆる〃ブッダの沈黙〃は、生についての仏教の見方に多大な影響を与えてきた。〃沈黙〃の理由については、学者や仏弟子たちによってしばしば論議されたが、いずれにしても、ブッダが当時の形而上学的思弁の産物である〃決定されざる問題〃を論じるのを拒否したことと特に深いかかわりがある。

修行者たちの多くは次のような問いを好んで発した。

世界は常住であるか、常住でないか。

世界は有限であるか、無限であるか。

霊魂と身体は同一であるか、異なるか。

如来は死後に存在するか、存在しないか。

この種の質問にブッダは答えなかった。なぜか。古い仏教経典によると、多くの修行者たちはブッダの沈黙に対して不満をもっていたという。ブッダはそれに対して、これらの質問は精神の向上に役立たないから答えないのである、と述べている。このような形而上学的問題は規範の本質と関係がなく、欲望を転換させるにも、激情をなくすにも、煩悩を止滅させるにも、心の平安にも、正しい悟りにも、無上の智慧や涅槃にも、役立たないのである。そのような議論にかかわっていては、苦から解脱する道を探求するいとまがなくなってしまうであろう。ブッダはこの点を、次の喩え話で説明した。

ある人が毒矢に射られたとしよう。友人たちは急いで彼を医者にみせ、医者は傷口から矢を抜こうとした。ところが、矢に当たった男は「待ってくれ。私を射た者は王族であるか、バラモンであるか、庶民であるか、奴隷であるか、それがわからない間は、この矢を抜いてはならない。またその者の姓がわからない間は、この矢を抜いてはならない。その者の背は高いか低いか、あるいは矢はどのような種類のものであるか、こういうことがわからない間は、この矢を抜いてはならない」と言い張り、医者も、これらの質問が解決されるまで待ったとすると、どうなるであろうか。おそらくこの男は死んでしまうであろう。これと同様に、あの世のことやそれに類する質問のすべてに答えを望む者は、彼の置かれている現状に対する真実は何であるかを知って、それへの疑問を氷解させる前に、死んでしまうであろう。（『マッジマ・ニカーヤ』）

ブッダはしばしば医者に喩えられた。彼によると、人間の現状は病に罹っているようなものであり、それゆえ彼はみずから医者の役割を標榜したのである。ブッダの教えは、それに従う者に対する治療法として渡された。——教えは健康を回復するための処方であり手順である。精神医としての臨床的な仕方で助言を与えたのであった。インド医術がブッダによって精神的問題の領域に導入されたといえるであろう。

ブッダの信奉者のなかにはジーヴァカのような有名な医者がいた。仏教は後代になっても医学と密接に結び付いていた。

そういうわけで、仏教は概して形而上学的論議を好まなかった。この特徴は大乗仏教においても認められ、例えば大乗仏教の偉大な哲学者ナーガールジュナ（龍樹）は、当時のバラモンの哲学者たちが論議していたような形而上学的問題、すなわち世界の起源、霊魂の不滅、根源的物質、原子などについては議論に加わらなかった。彼の論法は、ただ単に他の哲学諸派の主張に含まれている虚偽や好ましくない結論を指摘するだけであった。仏教の観念論（唯識派）は〝形而上学〟とも呼ばれうるような一種の哲学体系を発達させた。それによると、すべての現象は根源的意識（アーラヤ識）の潜在力（種子）に由来するとするのであるが、この体系においてさえも、根源的意識はわれわれの思弁を超えた空性に基づいているとする。仏教徒たちは一般に、二律背反に陥るような問題を詳細に論じようとはしなかったのである。

ブッダにとって緊急かつ根本的な関心事は、人間や他の衆生の置かれている状況であり、それに対して何がなされるべきかということであった。ブッダはこの状況を〝苦〟と診断したが、それは治癒されうるものであった。こうした事情を踏まえてみると、ブッダの喩え話からは、ブッダが形而上学的議論を、心惑わすもの、人生に役立たないもの、涅槃という目的に到達するのに関係ないもの、と見なしていたことがうかがえる。

さて、キリスト教に戻ると、キリストは不可知論者ではなかった。むしろ彼はユダヤの聴衆の創造神信仰を受容して、それを基礎に据えた。そのような信仰はあるいは形而上学的であると評されるかもしれないが、現代のキリスト教神学者が表現しているように、聖書の神は哲学の神ではない。ユダヤ人の間では、神の存在は論議すべき主題ではなかった。彼らは創造神に対する信仰を、神の啓示に帰したのである。

キリスト自身は決して哲学者ではなかったし、彼の周りにも哲学者はいなかった。実際、彼の置かれた状況はブッダとはかなり異なるものであり、彼はブッダが答えるのを拒否したような類の質問を滅多に受けなかった。彼が生きたのは、自由な思想が花開いたインドのヒンドゥー世界ではなくパレスチナであり、そこでは思想の自由が認められていたとしても、それは賢者たちではなく預言者たちによって宣べ伝えられ一般に受容されていたユダヤ教という宗教の限界内のことであった。

キリスト自身の時代には哲学思想との出会いはなかった。最初の出会いは聖パウロの伝道の旅、すなわちキリスト教の教義のギリシャ・ローマ世界への伝播においてであった。その際に形而上学的思弁に対してとられた態度は、ブッダのそれとほぼ似通っていた。聖パウロはアテネの人々と議論を交わすことはあったが、新約聖書の簡単な記述によると、それが形而上学的領域にまでいたることはほとんどなかった。また彼の手紙には、そのような議論に対してブッダがとった態度を彷彿させるような言い方がほとんど同じような理由に基づいて述べられている。「あの空しいだましごとの哲学によってだれのとりこにもならぬように注意しなさい」(『コロサイ人への手紙第一』)、「俗悪な、年寄り女がするような空想話を避けなさい。テモテよ、……俗悪なむだ話、また、間違って霊知と呼ばれる反対論を避けなさい」(『テモテへの手紙第一』)。

後代の仏教の歴史と同じように、キリスト教も後代になると、非常に多くのキリスト教神学者がかなり自由に形而上学的思弁に耽るようになり、そのような態度が他のキリスト教徒たちの批判を招いた。しかしキリスト教の歴史全体を通してみると、概してそのような思弁はいわゆる〝畏敬ある不可知論〟によって制限されていた。神の啓示は、神を定義しうるに十分かつ完全な神の知識を意味しないと考えられてきた。神の存在は神秘的存在のままなのである。聖パウロの言葉がしばしば引用される。

私たちの知っているところは一部分であり、預言することも一部分です。……今私たちは、鏡にぼんやり映るものを見ていますが、……私は一部分を知っているにすぎません。(『コリント人への手紙第一』)

おおまかにいって、キリスト教の教義には、ブッダの場合に述べたと同じ実践への関心が見受けられる。キリスト自身がそのような関心の持ち主の顕著な見本であったと見なされている。なぜならば、キリストはブッダと同じように、自分の役割を医者のそれと考えていたからである。彼は罪人たちと交際したことを非難されたときに次のように答えた。

医者を必要とするのは丈夫な者ではなく、病人です。私は正しい人を招くためではなく、罪人を招いて、悔い改めさせるためにきたのです。(『ルカの福音書』)

これが自分自身医者であった聖ルカによって伝えられたことは、注目されてよいであろう。福音書に描かれるキリストの姿は実際忙しい医者のようであり、キリストの教えにはブッダの場合と同様、それにふさわしい表現が用いられている。すなわちまず人間の欲望を道徳的かつ精神的な病気と診断し、それからその治療法を説き示すのである。

このように、究極的実在の本性についての不可知論的な要素が、これら普遍宗教のいずれにもみられるのである。

ついでながら、哲学と宗教との関係について考えておこう。両者は多くの場合、手を携えているが、衝突したり、時には敵対したりする場合すら見受けられ、特に西洋ではこの傾向が強い。西洋では、宗教は聖書と、教会で承認された権威ある著作とを基礎においたが、一方、哲学は宗教からの独立性を主張し、聖典を排除してただ理性による推論だけをその基盤とした。他方、仏教が広まった国々では、この種の対立はほとんど生ぜず、哲学的思考は教団の権威によって圧迫されなかった。この種の対立が懸念されるときに、仏教の哲学者たちはいつも次のように説明して困難を逃れた。すなわち、経典の教えは、あたかも月をさす指のように、凡夫を究極の目的に導くための方便にすぎず、実在それ自体は言語を絶している、と。これは仏教の基本的立場が実践にあることを示している。

おそらく普遍宗教における宗教的不可知論は、いかなる言辞を弄しても定式化され得ない、生命の神秘への感覚に深くかかわっているであろう。宗教は、この神秘感から生まれる。しかし、キリスト教の伝統においては、仏教の場合よりも教条主義への傾向が強い。それはキリスト教が神の啓示を重視しているからであろう。しかしキリスト教の教条主義には形而上学的思弁にみられるようなギリシャ哲学の影響と西洋人の理性信仰とがあるという人もいる。

東洋の仏教では、聖句の解釈がかなり自由に行なわれ、例えば、いろいろな教説は苦の衆生を現世の苦から救済するための方便にすぎないと説明された。

第三章　人間的状況の診断

一、一切皆苦、諸行無常

よく知られているように、人間の現状に対するブッダの分析は、人生は苦であり、存在は苦であるとの省察から始まる。ブッダには、人間の一生において苦が楽よりもはるかに大きく、それゆえに生まれないほうが望ましいとの確信があった。ブッダはわれわれに次のように示した。四つの大海のすべての水よりも多くの涙がこれまでに流されてきた、と。

仏教徒たちは、多種多様の苦を数え挙げ、根本的な不安を克服しなくては決して安らぎは得られない、と主張してきた。つねに忙しくしている人々、つねに何かを考えていなくてはならない人々、つねに何かをしていなければならない人々、こういう人たちは根本的ないし根源的な不安から絶え間なく逃げ延びているのである。

個人を生む条件は紛れもなく苦を生む条件でもある。個人が生まれるとたちまち病と老とが個人を襲い始める。個人性は有限性を包含し、有限性は苦に終わる。個人は天界においてさえ、依然として苦に支配される。ありとあらゆる苦は、そのどれもがただ個人性の結果としてあるのである。「じつにこれが苦に関する聖なる真理である。生は苦、老は苦、病は苦、死は苦である。怨憎を抱く者と会うのも苦、愛する者と別離するのも苦、欲するものを求めて得られないのも苦である。要するに、執著から生ずる五つの要素（五蘊。色・受・想・行・識）は苦なのである」（『転法輪経』）。

仏教徒は特に死の恐怖を強調する。死はすべての人間を征服し、人間はふだん意識してはいなくてもつねに死の淵におびえている。「大空のなかにいても、大海のなかにいても、山のなかの洞窟に入っても、およそ世界のどこにいても、死の脅威のない場所はない」（『ダンマパダ』）。死の普遍的な至上権に抵抗できる者はだれもいない。死はあらゆる生命に定められた理法である。この事実は、全世界にまたがる仏教の長い歴史を通して、あらゆるところでつねに強調されてきた。「何の笑いがあろうか。何の喜びがあろうか。世間はつねに燃え立っているというのに。汝らは暗黒に覆われている。どうして光明を求めないのか」「この容色は衰え果てた。病の巣であり、脆くも滅びる。腐敗の塊で、壊《やぶ》れてしまう。じつに生命は死に帰着する」（同書）。

われわれがそのように運命づけられているのはなぜであろうか。それは無常のゆえであり、人間存在そのものが永遠でないからである。あらゆるものは移りゆく。われわれは脆い存在であるので病と死を免れ得ない。つまり、あらゆるものが無常であるがゆえに苦があるのである。ブッダは弟子たちに尋ねた。「無常なるものは苦であるか、楽であるか」「師よ、それは苦でありま す」（『マッジマ・ニカーヤ』）。われわれの夢、希望、願い、欲求――これらすべてがまるでなかったかのように忘れ去られてしまう。このことは万物に共通の普遍的な原理である。「生じるものはそれが何であれすべて滅びるものである」（同書）。生まれたものがすべて死ななければならないのは必然であり、そこに容赦はない。相違は存続期間の長さだけである。何年も生きる人もいるし、ほんのわずかの間しか生きない人もいる。しかし結局、すべての人は消え去らねばならない。この無常の事実とその意味合いとを自覚するにいたった人は、世俗的なものを卑しく追求する代わりに、〃無上の安らぎである不滅の涅槃〃を気高く渇仰するようになる。

諸行無常　（もろもろのつくられた事物は、実に無常である）
是生滅法　（生じ滅びる性質のものである）
生滅滅已　（それらは生じては滅びるからである）
寂滅為楽　（それらの静まるのが安楽である）（『テーラ・ガーター』）

永久に存続する実体はなく、ただ生成と変化があるだけである。あらゆる物体は力であり、あらゆる実体は運動である。いかなる個体の状態も不安定であり、一時的であり、確実に過ぎ去る。事物の形態や物的性質ですら恒久的でないことをわれわれは知っている。後世になると、無常観は仏教的というよりはむしろ汎インド的なものとなった。苦は無常と一体である。この見解によると、渇望が苦の原因となる。なぜならば、われわれが欲求する対象は無常であり、変化し滅びてしまうからである。われわれの欲求の対象が無常であるがゆえに、絶望と悲哀とが生じる。あらゆる快楽は儚いものである。ブッダは弟子の一人に尋ねた。「無常であるものは苦であるか、楽であるか」「師よ、苦であります」。「この身体は水瓶のように脆いものだと知り、この心を城廓のように堅固に安立させて、智慧の武器をもって悪魔と戦え。勝ち得たものを守れ。――しかもそれに執著することなく」（『ダンマパダ』）。われわれは誘惑に襲われないように、確固としていなければならない。仏教の至福は、万物は無常であるから、それらを渇望しそれらに執著すべきでないと、われわれ自身が悟ることのなかにある。

同様の戒めがパウロによって表明されている。「ですから、立っていると思う者は、倒れないように気を付けなさい」（『コリント人への手紙第一』）。

ブッダが臨終を迎えたときに、アーナンダ（阿難）は僧院に入り、戸の横木に寄りかかって「ああ、私はまだこれから学ばねばならぬ者であり、まだなすべきことのある者である。ところが、私にあんなに優しくして下さった師はお亡くなりになるのだ」（『大パリニッバーナ経』）と思って泣いていた。

ブッダはアーナンダを呼んでいった。「やめよ、アーナンダ。悲しみ嘆くな。私はあらかじめこのように説いたではないか――すべての愛するもの、好むものからも別れ、離れ、異なるにいたるということを。およそ生じ、存在し、作られ、破壊さるべきものであるのに、それが破滅しないように、ということが、どうしてあり得ようか。アーナンダよ、そのような理《ことわり》は存在しない。アーナンダよ、汝は長い間、慈愛にあふれ、優しく純粋で、計り知れない思いやりのある行為で私によく仕えてくれた。アーナンダよ、努め励んで修行せよ。速やかに汚れのないものとなるだろう」(同書)。

臨終の際に、ブッダは弟子たちに告げた。「もろもろの事象は過ぎ去るものである。怠ることなく修行を完成させよ」(同書)と。これがブッダ最後の言葉であった。

人間の状況に対するキリスト教の分析は、人間が創造神――人間は罪によってそこから疎外された――との関連で考えられているかぎり、仏教のそれとは異なっている。しかし、人間の救済に対する似通った関心事からブッダを永遠な存在、三界の父と考えた大乗仏教の信仰面と比較してみると、この相違は薄らいでくる。そこには、人類すべてを汚したというキリスト教の罪の概念に近いものが見いだされるが、その場合でも、キリスト教のように罪を神の罰という観点から考えてはいないのである。

しかし、その他の点をみると、人間の罪深い状況に関するキリスト教の説明には、仏教の説明と著しい類似性がある。ここでもやはり、罪は病と見なされ、その苦しみは治すことができると考えられている。福音書のなかのキリストは医者として描かれているが、罪に対する彼の判断にも、裁判官の判決というよりもむしろ医者の診断をうかがわせるものがある。『マタイの福音書』では、キリストは全土を巡り歩いて説教し、病を治した者として描かれている。これらの行為は矛盾なく調和する。『ルカの福音書』には、彼の十二人の弟子たちも、キリストの命によって、「村々を巡り歩き、あらゆるところで福音を宣べ伝え、病を治した」と記録されている。キリスト自身による数多くの病気治癒の物語の裏には、身体と同様に魂の病が癒されたという意味が込められている。このように、罪深いことは頑固な病に比べられるのである。

無常にすぎないものへの執著と苦との結び付きについては、キリスト教の場合には、歴史の意義を重視することによって、幾分弱められるといってよいであろう。しかし、キリスト教の説教を聴く人々は、過度に思い患うことのないようにと諭される一方で、次のようにも教えられる。

汝らは自分のために、虫が食い錆《さび》が着くような地上に宝を蓄えてはならない。……むしろ自分のために、虫が食わず錆も着かないような天に宝を蓄えなさい。(『マタイの福音書』)

今日最も普及しているキリスト教の賛美歌の一つに「見渡すところ移りゆくものと滅びゆくものばかり」という一節があり、聖書のなかにはこの見解の先駆とおぼしき章句が非常に多く見いだされる。『詩篇』の作者は問う。「主よ、あなたが顧みられる人とは何なのですか。あなたが心に思われる人の子とは何なのですか。人は息のように儚く、その日々は過ぎゆく影のように儚いのです」。次のような説教もある。「そこで私は、私の両手がなしたすべてのこととそうすることに費やした労苦を思い返した。すると見よ。すべては空しく、まるで風を捉えるごとくであった。日の下に益となるものは何もない」(『伝道の書』)。また、世界は現象的である、という有名な教えが述べられている。「見えるものは儚く、見えないものは永遠である」(『コリント人への手紙第二』)。

このように表現は類似しているが、ユダヤ人には最初に神の偉大性という観念があり、次に神から疎外された取るに足らない人間の役割が強調された。これに対して、仏教では最初に脆くて弱い人間の存在が強調され、次に彼方にあるものが求められた。

いうまでもなく、人間の苦に対するこのような関心は、幅広く人々にアピールするものをもっている。また、宗教的信仰は人生の儚さや脆さの自覚と密接に関係することも強調するに及ばない。イングランドの異教徒の王が顧問たちに、キリスト教をどのように考えるかと尋ねたときに、そのなかの一人は答えた。「王よ、人間の生命というものは、燕が宴会場のなかを飛んでいくようなものです。つまり、暗くて寒い戸外から明るく暖かい室内に入ってきて、また暗くて寒い戸外に戻っていくようなものです。したがって、われわれは彼方の暗闇について、多く語ることのできる宗教を奉じるべきです」。これは仏教の思想によく似た西洋側の思想であり、この一致は、両者の伝統に類似の内省が表れたことを意味している。

二、輪　廻

仏教徒も、輪廻転生を信じていたので、輪廻転生説に基づく仏教の側面と無我説に基づくはなはだ〝極端な〟側面との調和という困難が生じてくる。なぜならば、輪廻においては一つの生から次の生への連続性が想定されているのに、その一方では徹底してどのような類の自我も認められていないからである。そこで、連続するものはいったい何か、という疑問が生ずる。仏教徒たちがこれら二つの見解をいかに調和させていったかを観察するのはじつに興味深く、議論の進展に伴い、両方の見解がいかに修正されていくかがみてとれる。

霊魂がなくて、どうして再生がありうるだろうか。この点が仏教哲学の最大の弱みといわれ、仏教以外のインドの哲学者たちは、仏教思想のこの難点を盛んに攻撃した。近代の学者の多くも、それを解決困難な問題と考えている。再生における、生存と生存の間の関係は、見掛け上は変わらないが、じつはあらゆる瞬間に異なっている火の喩えによって説明され、仏教徒はつねに変化しつつある個人としての主体の連続性を認めるのである。

この問題を解決するために、後代のある仏教徒たちは一種の魂のようなもの（プドガラ）を想定した。犢子部《とくしぶ》・正量部《しょうりょうぶ》・経量部《きょうりょうぶ》などがそれをさまざまな名称で呼んだ。この思想の延長上に、仏教の観念論者たち（唯識派）による根源的意識（アーラヤ識）の概念がある。インドに侵入したギリシャ王メナンドロス（パーリ語ではミリンダ）は仏教僧ナーガセーナ（那先）にこの点を質問した。「尊者ナーガセーナよ、再生したものは同一なのか、それとも異なったものなのか」。

これに対してナーガセーナは、保守的な伝統的仏教の〝無我〟の教説に従って、「それは同一でもなく、また異なったものでもない」と答えた。ところが、この答えはギリシャ人にとって理解し難く、王の要請に従って次のような実例に即した対話が展開された。

「王よ、どう思われるか。かつて幼く若く愛らしく仰臥していたときの汝と今の成人した汝とは同一であるか」

「いや、そうではない。その子供と今の私とは異なる」

まずこの答えを引き出しておいて、ナーガセーナはそれが含む矛盾を指摘する。

「王よ、汝がその子供でないならば、汝には母も父も師もいないことになる。学ぶことも行なうことも、したがって智慧もないことになる。王よ、受胎初期の母と中期あるいは後期の母とは別人であろうか。子供のときの母と成人したときの母とは異なるであろうか。学ぶ者と学び終えた者とは別のものであろうか。罪を行なう者とその罰として手足を断たれる者とは別個のものであろうか」

「そうではない、尊者よ。汝はいったい何を説こうとするのか」

「王よ、私はかつて幼く若く愛らしく仰臥していたが、この同じ私が今は成人している。じつにこの身体に依存して、これらすべての状態が一つに摂せられている」

「例を示されよ」

「王よ、ある人がランプに火をつけたとすると、それは夜中燃え続けるだろうか」

「おそらく燃え続けるだろう」

「それでは、夜の初めころの炎と夜のなかごろの炎とは同一であろうか」

「いや、そうではない」

「それでは、夜のなかごろの炎と夜の終わりころの炎とは同一であろうか」

「いや、そうではない」

「夜の初めころの炎となかごろの炎と終わりころの炎とはそれぞれ別のものであろうか」

「いや、そうではない。同一のランプに依存して、炎は夜中燃え続ける」

「王よ、ちょうどそのように、個体は継続するのである。生じるものと滅するものとは別々である。生じるものと滅するものとは別々であるが、それがいわば同時のものとして継続している。こういうわけで、それは同じでもなく異なるでもないものとして最後の意識に摂せられるのである」

「さらに例を示されよ」

「王よ、例えば牛から搾り出された乳が、しばらくすると酪《らく》になり、それから生酥《しょうそ》に、そして醍醐《だいご》になるであろう。王よ、どう思われるか。乳は酪・生酥・醍醐と同じである、という立言は正しいであろうか」

「いや、そうではない。だが、それに依存して、他のものは生じたのである」

「王よ、ちょうどそのように、個体は継続するのである。生じるものと滅するものとは別々であるが、それがいわば同時のものとして継続している。こういうわけで、それは同じでもなく異なるでもないものとして最後の意識に摂せられるのである」(『ミリンダ王の問い』)

ここには、仏教の主要な教説の一つ、われわれの個人としての存在は無常であるという見解が表明されている。

経典をみると、ブッダは火の喩えを説き、それによって世界は絶え間のない生成の流れにほかならないことを示している。炎は、見掛け上は変化しないで自身を保っているが、実際はあらゆる瞬間に別のものへと変化しており、同一の炎ではない。同様に、川はつねに新しい水をたたえながら流れている。刻一刻の見掛け上の同一性は、つねに変化しつつある同一個体の連続性とでも呼びうるような瞬間の連続性である。個体は変化を続ける五蘊（存在の構成要素）の集まりにすぎず、ある一瞬から次の一瞬へ、また一つの生から別の生へと変化する。そして涅槃によってのみ、最終的に止滅させられるにいたる。その人格的同一性はより以前の存在を思い起こすことのできる程度に保たれていると考えられる。しかし、もしわれわれが事物や人間存在がしばらくの間でも同一性を保つという見解をもつと、それは本来の意味でも実際の意味でも、我《が》への執著を引き起こすから、誤りであり、その誤りが苦や悲しみとなるのである。現世の生存を燃えている火に喩えるのは、人生は儚く苦に満ちているという思想の表明であり、その喩えは大乗仏教に受け継がれた。

『法華経』には次のような一節がある。「三界は安きこと無く、猶火宅の如し。衆苦充満して、甚だ怖畏すべく、常に生・老・病・死の憂患有りて、是の如き等の火は、熾然として息《や》まざるなり」。

大乗仏教の中観哲学の創始者ナーガールジュナ（龍樹。紀元一五〇－二五〇年）は、個体の連続を燃える火に喩え、個体を構成している五つの存在の構成要素（五蘊）を薪に喩えて、火と薪とが互いに異なるのでもなく同一でもなく、分離可能でも不可でもないように、個体とその構成要素との関係も同様であると説明する。

インドの哲学および宗教は、一般に〝輪廻〟ないし再生の教説をもっており、あらゆる魂、主体、人格的個体は止むことのない現世的存在の連続を繰り返すと信じている。人は死んで再び生まれる。身体が滅びたのちに、魂が人間か動物か神か、とにかく他の身体へと輪廻していくという信仰は、業（カルマ）の教説と結び付けられて、仏教興起以前にすでに一般的な概念となっていた。

業とは〝働き〟〝行為〟を意味する。業の教説によると、善行は良い結果をもたらし、悪行は悪い結果をもたらす。ブッダが生命の流れと世界の転回のなかに実在の中核もしくは不変の原理を認めなかったのは事実であるが、それは世界にはさまざまな力が働いているだけで実在的なものが全くないということにはならない。世界には永続する実体はなく、変化と生成があるだけであるが、そのような状況での最高の実在は、変化の理法つまり因果律である。宇宙は因果律によって支配されており、混沌たる無秩序状態や偶然の介入などはない。ここでいう〝因果律〟とは道徳的意味も含んでいる。ゴータマは道徳的因果性を保持せんがために、業の思想を認めたのである。

精神的にしろ身体的にしろあらゆる行為は連続して類似の行為を作り出す傾向がある。善い行為は同じような善い行為の傾向を人間の内部に増長させ、悪い行為は同様な悪い行為を続けようとの傾向を増幅させる。そして、あらかじめ意図があって行なわれた業も意図なくして行なわれた業も、いずれも、結実の時を迎えるのである。ある業は現世で実を結び、ある業は来世で、また他の業はさらに遠い未来に実を結ぶ。個人は、過去の生存から延々と繰り越されてきた数多くの原因の結果であり、世界の他の原因すべてと密接に関係している。仏教の業の教説では、一個人と全宇宙との相互関係が強調される。時代を問わずすべての仏教徒は、じつにこのような業の教説を信じていたのである。

仏教が輪廻という概念を採用したのは理論的な理由からではなく、実践的な理由からであったと思われる。今日では不適切な考え方であるが、業の教説によると、人の社会的地位や肉体的長所あるいは障害は前世の行為の結果である。例えば、人が盲目であるのは前世での眼による貪りの報いであり、並外れた聴力をもつのは前世で法が説かれるのを好んで聴いた報いである。いずれにしても、現在の事実に基づいて、逆に説明が加えられるのがつねである。現在の事実に由来するから、当然事実に適合する。そして、それは人知の及ぶ範囲を超えているので、決して否定され得ない。ブッダは、人間の身体内にそれとは別個で不滅な一つの〝魂〟が存在するという説を捨て、その代わりに、一連の存在のそれぞれの個体間には新しい同一性が存するという思想を提唱した。つまり、異なった二つの存在がじつは同一のものであるのは魂によるからではなく、業によるからであるという新しい主張である。ブッダは、業の力は一回の生存を超えて持続すると教えたが、ブッダが想定した現世と過去世との個体間の因果関係は異なる個体間の肉体的な関係ではなく、むしろ道徳的な関係であった。

刈り取るものはそれが何であれすべて自分がその種を播いたものであるに相違ないという教えは、人間の倫理的本性に強くアピールしたが、これとよく似た教えとして「播いた種はそれが何であれすべて自分で刈り取らねばならない」というのが今日では西洋の人々にアピールしている。

ゴータマはこれらの教えを主張し、業の力は一つの生存を超えて持続すると説いた。しかし、彼は当時、広く信じられていた霊魂説から業の教えを切り離すことによって、業の教えの面目を一新するとともに、その実践的な効果も変化させたのである。

こうして仏教は道徳因としての業を主張することになったが、ブッダが魂を認めなかったので、一つの生存と次の生存とを結ぶ絆が他に求められなければならなかった。ブッダは、前の生存において抱いた渇愛や煩悩が次の生存に影響を及ぼすと考えた。

仏教によると、渇愛が、前世の業を受け継ぐ新しい個人を現実に生ぜしめるのである。「世の中に愛著するものが生じたり、世の中にはびこっている強欲などはいずれも渇愛を縁として起こる。そしてまた、来世に関して抱く希望とその成就とは、それを縁として起こる」。このような観念はヒンドゥー教にもあり、またヘラクレイトスも同じような教えを説いた。「希望を抱かなければ思いがけないものは見いだせないだろう。なぜならばそこへいたる何らの足跡もなく、また道もないからである」。デモクリトスは抽象的な言辞を用いて「幸福は不幸と同様、魂の属性である」と述べている。

ブッダはその合理的な無我の心理と再生・輪廻の無条件な受容との間に矛盾を全く感じていなかった。輪廻の信仰はインドに一般的であって、ほとんどすべてのインド人はそれを公理ないし自明の原理として受け入れており、証明される必要のないものと考えられていた。人々は生まれては死に、しかもその寿命は短い。つかの間であってしかも次々と多くの世代を経るということが、まごう方なき魂の輪廻を示していると考えたのである。ブッダは当時、流行していた他の諸説とともにその観念を取り入れ、他の世界への再生と業の理法とを認めたのである。しかし、彼が考えていたただ一つのことは、いかにして苦の世界から脱するかという問題であった。再生と業を認めるというこのやり方は仏教に特有のものであり、それに対応するものを西洋に見いだすことはできないであろう。

三、仏教の無我説

現世の無常性は、人間を取り巻く環境に対してだけでなく、人間自身をも含む意味合いで強調された。しかもそれは人間全体を包含し、人間の〝自我〟と呼ばれるものも例外としない。仏教とキリスト教という二つの普遍宗教は、少なくともこの一点において完全に思考法を異にしており、両者の比較はここで終わりを告げることになりそうである。というのも、キリスト教は概して西洋の思想に同調し、人間のなかには何か、すなわち肉体と区別された魂が内在しており、それは無常でないだけでなく、かえって本質的に不滅であり、それゆえ、老を超え、死にいたることがないと考えられたのに対し、仏教の無我説はまるで逆のことを主張しているからである。しかし、本当にそうであるかどうかは検討の余地がある。というのも、この問題に関する仏教側の考え方は、時にそう考えられるほどには統一がとれていないからである。この問題に対するブッダ自身の態度は、他の問題に対してもそうであるように、不可知論者とはいわないまでも、ある人々にとっては曖昧模糊としたものに映ったようである。また、大乗がこの教説に対して与えた解釈は上座部と全く同じというわけではなかった。キリスト教の考え方についていえば、少なくともある人々は永遠の生命の達成というキリスト教の観念は先天的に不滅な〝自己〟の教説と結び付いていないと主張する。それでも、西洋の人たちはおそらくこの無我説に当惑して、きちんとした説明を必要とするであろう。理解が困難な理由の一つは、仏教特有な基本用語を西洋の言語に翻訳することの困難さにある。

初期の仏教は、あらゆるものは無常であるから、対象世界の何ものにも執著すべきではないという教えを説いた。何ものも〝私のもの〟とか〝私に属する〟とかと見なすべきではないというのである。この教えは経典の古い詩句のなかに見いだされ、初期のジャイナ教でも説かれたが、理論的な考究はなされていなかった。

しかし、間もなく、無我（非我）の教説がさらに体系的に発展していった。あらゆるものの無常性を認める仏教徒たちは、何らかの形而上学的実体を想定しようとはせず、実体とか魂とか力とか機能ないし運動および作用に帰して実在の動的な概念を採用した。生命は生成と消滅という一連の現象にほかならない。それは生成の流れである。ブッダは俗にいう個体的自我の迷想を否定した。われわれが自分自身と同一視する対象は真実の自己ではない。われわれの財産、社会的地位、家族、身体、そして精神さえも真実の自己ではない。この意味で仏教の教えは〝非自己説〟

すなわち、知覚されるものは真実の自己ではないという説といえる。〝魂〟に関する当時のすべての説が経典のなかで検討され、そして否定されており、その代わりに〝無我すなわち無霊魂の教説〟が提示されているのである。

〝自我〟〝魂〟の原語は、パーリ語では〝アッタン〟、サンスクリット語では〝アートマン〟である。文字どおりには〝自己〟と訳すほうがより適当である。しかし場合によっては、〝真実の自己〟と区別するために〝自我〟という訳語がふさわしく、この側面は初期の仏教ですでに強調されている。もし永遠なものだけが自己すなわちアートマンと呼ばれるのにふさわしいならば、地上の一切のものは自己ではない。あらゆるものが〝自己ならざるもの（アナッタン）〟ということになる。身体（色）、感受（受）、知覚（想）、意向（行）、意識（識）、の五蘊のすべては自己ではなく、実体のないものである。これらは、実体もなく実在性のない単なる仮象である。個体は要素の集合であり、これが〝生成〟である。要素の集合のないところに個体はなく、変異のないところに生成はない。そして、変異があれば生成があり、必ず分解や消滅があり、そして、それは遅かれ早かれ必ず終結するのである。

ベナレスにおいて、コンダンニャを筆頭とする五人の修行者に対し、魂の非知覚性についての説法がなされた。「身体（色）は永遠な魂ではない。なぜならば、それは崩壊に向かっているからである。同様に感受（受）、知覚（想）、意向（行）、意識（識）もともに永遠な魂を形成しない。なぜならば、もしそうであれば、感受などが崩壊に向かうことはないであろうからである」（『転法輪経』)。

別の章句では次のように教えている。「われわれの身体的形態、感受、知覚、意向、意識はすべて無常であり、それゆえに苦である。そして永遠ではなく、善でもない。無常であり苦であり変化するものは永遠な魂ではない。ゆえに、過去・現在・未来、主観的・客観的、遠・近、高・低のあらゆる身体的形態について、『これは私のものではない、これは私ではない、これは私の永遠なる魂ではない』と見なすべきである」(『ヴィナヤ(大品)』)。同じ主張が感受、知覚、意向、意識についてもなされるべきである。

精神と身体との総体としての人間存在を、初期の仏教徒たちは五つの部分ないし成分に分けた。

実　在

身体的形態(色。身体に属するもの)

感受(受。楽・苦・不苦不楽)

知覚(想。視覚など)

意向(行。潜在力、形成力、現象)

意識(識)

虚　妄

自我(自己ならざるもの)

われわれ人間存在は五つの構成要素の集まりにすぎない。仏教は、それまで迷信深い人々の心も知識人たちの心も等しく支配していた〝魂〟ないし〝自我〟と呼ばれる伝統的な実体の概念を払拭し、その代わりとして新たに非我（無我）の原理をもたらしたのである。

多くの仏教用語はきわめて翻訳しづらい。幾つかの仏教の術語に対しては正確に対応する用語がないのである。西洋の言語に直された術語は、この問題に関する仏教の主張を大まかに理解させてくれるにすぎない。

この教説をわずかでも理解しやすくするために、歯痛の例を挙げることにしよう。人はふつう「私は歯が痛い」というが、仏教の思想家によると、これはきわめて不正確な言い方である。〝私〟も〝歯〟も〝痛い〟ということも、存在の究極的要素（法）には数えられていないのである。仏教の文献では、人格的表現は非人格的表現に取って代わられており、この経験は根元的な事象という観点から次のように分析される。

一、ここに身体的な形態がある。すなわち歯という物質である。
二、痛いという感受がある。
三、歯についての視覚、触覚、痛覚がある。
四、意志的反応がある。痛むときに不快となり、今後よくなるかどうかの不安があり、身体的な健康状態に対する心配がある。
五、意識がある。上記の四つすべてを認識する。

ここでは、常識的にいわれる〝私〟はなくなってしまっている。それは究極的な実在ではないのである。もちろんある人は、想像された〝私〟は実際の経験の一部分である、と答えるかもしれないが、その場合、それは上記の五つの最後すなわち意識の範疇のなかに含まれるであろう。現実の人間存在においては、連続的に継続する一連の心理的ないし身体的なもろもろの現象があり、それらが合わさって一つの個体を作っている。それゆえ、あらゆる個人および事物は変化する集合体、合成物である。それぞれの個体において例外なく、その構成部分の関係はつねに変化しており、二つの連続する瞬間にも決して同じではない。したがって、個体性が生じると同時に消滅、崩壊も始まっているのである。

初期の仏教では、〝自我〟の観念を離れた人々は高く賞賛された。しかしながら、この種の否定は虚無主義や唯物論を意味しない。ブッダは何が自己でないかは明確に説いたが、何が自己であるかは明瞭に説明していない。仏教で自己を全く認めない、と考えるのは誤りである。ブッダは単なる唯物論者ではなかったのである。

バラモンよ、人間において我執を捨て、
心を専一にして哀れみを思い、
汚れなく不浄を離れる。
そのように学び励む人は、
不死のブラフマンの世界に達する。（『ディーガ・ニカーヤ』）

ブッダは概して、ヒンドゥーのほとんどの学者たちのようには一般論としての迷妄を力説せず、むしろ慢心すなわち自我についての妄想を強く戒めた。

ギリシャではヘラクレイトスが非常に似通った観念をもっていたし、仏教以後のインドの諸書にも同様の観念がみられるが、いずれの場合にも仏教のように妥協を排して展開することはなかった。西洋および仏教以外のすべてのインドの体系では、魂と神々とは無常の理法に従わないと考えられ、これら霊的な存在に不変の本質性、個体性が帰せられるのである。しかし初期の仏教では逆に、現象論的な教義が高度に展開された。

遊行僧ヴァッチャゴッタがブッダに、自我は存在するか否かを尋ねたとき、ブッダは黙っていた。そこで彼は座を立ち、去って行った。アーナンダはブッダに質問した。「なぜ気高い人（ブッダ）はあの僧の問いに答えなかったのですか」。ブッダは答えた。「もし私が『自我は存在する』と答えたならば、それは常住論に陥ることになるし、もし私が『自我は存在しない』と答えたならば、それは断滅論に陥ることになるからである」。

ブッダはアートマンの存在を肯定も否定もしなかった。彼は、哲学の限界を認識できるほど十分に哲学的であれと人々に説いた。身体が幾つかの機能をもつ組織の名称であるのと同じく、魂はわれわれの心的存在を構成する状態の総体に付けられた名称である。そのような機能を除いて魂は存在し得ない。

この非我の教説はのちに修正を加えられ、部派仏教の導師たちは、事物は名称にすぎないと説明するようになる。戦車もナーガセーナ長老も等しく単なる名称であり、属性や事象の下に実在的な何ものもない。意識の直接に与えられる情報も、われわれが想像できるいかなる統一体の存在をも立証しないのである。同じような論証の仕方で、ナーガセーナは魂の問題に対するブッダの沈黙から、魂は存在しないという否定的推論を導き出した。この見解は部派仏教の正統的な教説となったが、ブッダ自身の教えは上述のようにそれとは少し異なっていたようである。

これまで検討してきたことから明らかなように、自我の否定の主張はのちの時代に現れたのであり、ブッダ自身は魂を否定せず、それについてはひたすら沈黙を守った。そればかりか、普遍的規範に合致するわれわれの道徳的行為において現れる〝真実の自己〟なるものは認めていたようである。つまり、ブッダは形而上学的実体としての魂の存在を想定することはなかったが、実践的で道徳的な意味における行為の主体としての自己の働きは認めていたのである。

ここで再び結論づければ、ブッダがより関心があったのは非我（無我）の教説の実践的で道徳的な意義であり、それについての形而上学的な論議には関心が薄かった、ということになろう。そして、その道徳的な意義は全仏教史を通じて強調されてきたのである。上述のように、この点に関して、ブッダは〝私および私のものという主張〟をすべて慎もうと努めたのであった。キリストの説諭についてもほぼ同じことがいえるであろう。「もし私に従おうとする者がいれば、彼自身を否定させ、彼の十字架を背負って、私についてこさせなさい」「この世の生命を嫌う人は、永遠の生命のためにそれを取って置こうとするだろう」。だが、「その生命を保持しようとする人は、だれでもそれを失うだろう」。しかしながら、ここで考慮すべき問題がある。それは次章でさらに検討することになるが、仏教とキリスト教の両方で、人間の状況についての診断に従って、どのような治療の方法ないし方策が立てられていたかという問題である。

キリスト教の教義についていえば、最近になって一部のキリスト教徒たちから、先天的に不滅の魂などというものがはたして聖書に説かれているのか、という問いが発せられたことは注目される。彼らによると、新約聖書にある教えはむしろ、将来における永遠の生命の獲得は、キリストに応答することにより実現される新しい生の内容と関連するものであり、〃自我〃が先天的に不滅であるという教えではない。しかしながら、キリスト教徒は一般に、人間は脆く儚い世を生きているが、それでも過ぎゆくことのない不滅の魂を所有すると考えている。

仏教とキリスト教、これら二つの伝統では、人間に対する価値評価がそれぞれに異なっているようにみえる。それにもかかわらず、いかにして仏教とキリスト教とがいずれも普遍性をもって世界にアピールしてきたのか、という疑問が起こってくるであろう。しかし、そのような疑問は無我の教説とその仏教的帰結に対する誤解から生じるのである。この無我の教説は、あらゆる人間は大乗仏教でいう〃仏性〃を有する、という仏教的信仰の観点から理解されなければならない。そこで否定されているのは人間の個性そのものではなく、自己中心的な考えを促す諸理論が真実の自己を悟ることを妨げるもの、として否定されているのである。このように両方の伝統には、人間の切なる願いに呼応し、いまだ理想とすべきものにはなっていないが、そうなりうるという、すべての人間の深遠かつ精神的な観念にかなう教えが存するのである。

第四章　仏教とキリスト教の治療法

一、目　標

人間の現状に下した診断――一方では無常と苦、他方では原罪――から判断すると、仏教とキリスト教はともに悲観的な人生観を助長しているようにみえる。しかし、いずれの場合でも教えは単なる診断にとどまってはいない。ブッダとキリストが同じように医者になぞらえられるという事実からわかるように、そこには診断と同時に治癒が到達可能な目標として見込まれており、解放が約束され、また、その目標に達するための方法が示されている。

それゆえ、われわれは、その目標とは何か、およびいかにしてそれが達成されるか、という点について考えてみることにしよう。

仏教の目標は涅槃である。われわれはしばしば、涅槃に対する定義が仏教的観念を表すよりはむしろ、それを解釈しようとする人々の個性をより忠実に反映していることに気づかされる。西洋の学者のなかでもチルダーズやピッシェルらは涅槃を永遠の死と見なすが、一方でバルトやオルデンベルクらはそれを〟至福のもの〟と考える。しかし正直なところ、この点について、仏典の著者自身必ずしもすべて同意見ではなかったと認めざるを得ない。おそらく最もよい解決法は、『キリストのまねび』の著者が述べるように、困難な問題という脇道を避けて確かな道を歩むようにすることであろう。たとえ目標が非常に明瞭ではなくても、少なくともそこにいたる道は存在しており、それについてはすべての仏教徒の意見が明確に一致している。取りも直さず、仏教とは涅槃にいたる道のことなのである。

経典には数多くの教えが説かれているが、仏教の宗教的実践の目的は自我の迷妄を除くことである。聖者とは自我の存在についての迷妄を取り除いた者のことであり、次のような称賛を受ける。

聖者は生存の素因を捨て去った。
量《はか》られ、また量られない自己の成り立つ基を。
みずから内心に楽しみ、精神統一をして、
殻のような自己の成立素因を破壊した。(『ディーガ・ニカーヤ』)

仏教徒たちは、この無知ないし妄想を除くことによって、現世の無常に煩わされなくなることを願う。

諸行無常 (もろもろのつくられた事物は、実に無常である)
是生滅法 (生じ滅びる性質のものである)
生滅滅已 (それらは生じては滅びるからである)

寂滅為楽（それらの静まるのが安楽である）（『テーラ・ガーター』）

迷妄を除いた人は俗世間の束縛から解放され、輪廻すなわち世俗的生活を克服したといわれる。彼は修行生活における最高の目的すなわち悟りを得たのである。「生存は尽きた。清浄行はすでに確立した。なすべきことはすでになし終わった。もはやこのような状態に戻ることはない」（『大パリニッバーナ経』）と悟ったのである。

仏教によると、究極の目的は楽園や天国ではない。仏教の中心課題は、正しい道を歩んでいけば、自分自身を人生の束縛から解放でき、最高の真理を実現することができるということである。悟りを得ることは涅槃と同じである。すべての仏教徒は、悟りが彼らにとっての目標であり、それは正しい道を行なうことによって得られる、との考えで一致している。

これまでみてきたように、生の過程は火の燃焼に喩えられる。われわれの本質は外界と接触しながら無意識に活動しており、それによって生存はとどまることなく続いていく。それをとどめるには火を消すことである。ブッダすなわち目覚めた人とは、もはや火のつくことのない人、燃えることのない人、の意味であるが、悟りを得たブッダは、非存在へと消滅してしまったのではない。消え去ったのは彼ではなくて、迷妄、激情、渇望に満ちた生であって、彼はもはや誤った観念やそれに続く欲望に制約されていないことを知っている。この理想の状態が涅槃すなわち〝苦悩の止滅〟であり、不死である。涅槃は永続する幸福と平和であり、〝激情の火〟を消しとめ〝苦悩〟を止滅させることによって現世で得られるものである。それは最高の幸福であり、過ぎゆくことのない至福である。そこでは死ですらその痛みを失う。生に伴うあらゆる困難と労苦が、全き安息のなかで永久に消え去ってしまうのである。

完成に達した人の境地を表すために、多くの詩的表現が用いられる。避難港、涼しい洞穴、洪水に残された島、至福の場所、解放、自由、安息、最上者、超越者、創造されざる者、寂静なる者、安楽の源泉、平静、苦の終焉、良薬、不老不死の食物、甘露、不死、霊的な者、不滅、永続、彼岸、無終、精進の末の至福、最高の喜び、言いようのない幸せ、超脱、神聖な城市、など数限りない。パーリ聖典で最もよく用いられるのはおそらく〝価値ある者の状態（阿羅漢）〟という言葉であろう。

西洋で専ら用いられた言葉は涅槃（ニルヴァーナ）であり、それは〝死滅〟と訳された。つまり欲望、怒り、愚かさという三つの根源的な罪の燃え盛る激しい炎が死滅する、というわけである。しかし、涅槃という言葉は、多少とも誤った印象を与えている場合がきわめて多い。涅槃についての西洋でのおもな見解とは異なって、ブッダは虚無ないし非存在という意味での消滅に対する渇望を、じつに明白に否定した。仏教徒たちは消滅を求めたのではなく、永遠・不死を求めたのであり、涅槃に達した人は生死に煩わされないとして称賛された。涅槃が否定的であるのは、ただ表現上の問題だけである。〝涅槃〟は〝理想の境地〟を意味する言葉として、当時の修行者や思想家たちが用いていたのであって、それを仏教が採用したまでである。涅槃は利己的な欲望の止滅に基づいて再生から離脱することであり、至福の状態とほとんど同義とされる。

リス・デーヴィズの指摘によると、「仏教聖典のテクストが出版ないし翻訳されるずっと以前に、ヨーロッパの思想家たちがこの言葉（ニルヴァーナ）を好んで用いたことが、きわめて不幸な結果をもたらした。彼らは初期の仏教徒たちのもつ旺盛な楽天主義を共有しなかったし、共有できるはずもなかった。彼ら自身が現世を希望なきものとあきらめ、来世に救いを求めていたので、ごく自然に仏教徒たちもそうであったろうと考えたのである。その誤解を正すために十分信頼できる文献がなかったせいもあって、彼らはそのように解釈したのである。涅槃は彼ら自身の信ずるところによって、死後に実現されるべき状態と考えられた。また彼らは〝死滅〟とは〝魂〟の死滅のことでなければならないと考えたので、それは永遠な魂の恍惚境を意味するのか、それとも絶対の虚無を意味するのか、という議論が延々と続けられた。私が最初に正しい解釈を発表して三〇年経た今でも、パーリの研究者以外では、そのような古典的誤りがしばしば繰り返されている」。涅槃が冷淡で否定的な印象を与えるのは見掛け上だけであって、それはおそらく否定的表現を好むというインド人の伝統的な思惟法によるものであろう（例えば〝多数〟の代わりに〝一でない〈アネーカ〉〟といい、〝悪い〟の代わりに〝善くない〈アクサラ〉〟という。英語に〝悪くない〈not bad〉〟という表現があることと比較せよ）。涅槃は単なる空虚ではないのである。修行の結果は時として〝悲しみから解放された〟などのように消極的に表現されるが、一方では幸福な状態と見なされることもある。聖者が体現する平安の境地や一切を包み込む慈悲の心が、ただ消極的なだけであるとは考えられない。それは意識の内では、最高度に積極的なものと感じられる。それは大きな魅力をもち、信奉者たちはたちまちその虜になってしまう。ヒンドゥー教徒やキリスト教徒が、それに匹敵する信仰の対象によってそうなるのと同じである。涅槃は至福である。それも表現できないほどの至福なのである。

王はいった。「尊者ナーガセーナよ、まだ涅槃を得ていない者が、『涅槃は安楽である』と知っているだろうか」

「そのとおりである」

「しかし、まだ涅槃を得ていない者が、どうしてそれを知ることができるのだろうか」

「王よ、どう思われるか。まだ手足を切断されたことのない者が、『手足を切断することは苦しみである』と知っているだろうか」

「尊者よ、そのとおりである」

「それでは、どうしてそれを知っているのだろうか」

「他人が手足を切断されたときの悲鳴を聞いて、それを知るのである」

「王よ、それと同様に、涅槃を体得した人々の喜びあふれる言葉を聞いて、それを得ていない者も『涅槃は安楽である』と知るのである」

「よくわかった、ナーガセーナよ」（『ミリンダ王の問い』）

仏教徒の気質は、キリスト教徒のように楽天的であって、ストア派のように厳しいものではない。救済の確信が得られたのちには、全存在は大きな喜びに満たされるのである。経典に残る章句には、五つの障害（欲望・悪意・身心の無気力・不安・動揺）が借金・病気・束縛・奴隷状態・心配のように人間に悪影響を与えることを指摘したのちに、それと正反対のものとして素晴しい涅槃の状態が示されている。

「五つの障害がなくなったときに、彼は借金から解放され、病気を免れ、牢獄を出て自由となり、安息を得たと感じる。それを知ると同時に喜びが湧いてきて歓喜に打ち震える。そのなかで彼の身体は安楽となり、安楽に浸りながら平安な気持ちに満たされ、心はその平和にゆだねられる」

仏教が中国に紹介されたときに、涅槃は道教の無為の概念と同じと考えられた。涅槃の同義語であるアサンスクリタ（非形成）は中国では無為と訳され、臨済禅師は理想の人を無位の真人と呼んだ。

しかし、初期の仏教の理想はもっと積極的なものであった。

怨みを抱いている人々の間にあって怨むことなく、われらは大いに楽しく生きよう。
怨みをもっている人々の間にあって怨むことなく、われらは暮らしていこう。
悩める人々の間にあって悩みなく、大いに楽しく生きよう。
悩める人々の間にあって、悩みなく暮らそう。
貪っている人々の間にあって患いなく、大いに楽しく生きよう。
貪っている人々の間にあって、貪らないで暮らそう。
何ものをも所有することなく、大いに楽しく生きよう。

光り輝く神々のように、喜びを食む者となろう。(『ダンマパダ』)

また、次のようにもいう。

賢明な人が努め励むことによって放逸を断ち切るときには、
智慧の高閣《たかどの》に登り、憂いを去って、憂いある愚人どもを見下ろす。
山上に立っている人が地上の人々を見下ろすように。(同書)

涅槃は平安であるが、最高度に発達した教義によれば、それは何もしない平和ではなく、活動的なものであり、努力によってもたらされる安らぎである。とはいえ、この努力は西洋人になじみの深い主情的な類のものではなく、むしろ〝高揚された平安〟と定義づけられるいわば倦怠の全くない静けさである。涅槃に到達した人は生にも死にも悩まされないと称賛される。

このようにブッダは悟りを得たのちに、不死の扉を開いたと宣言した。理想の境地はしばしば〝不死〟と呼ばれる。現象世界の範疇を超えて存在する究極的な実在についての質問に対して、ブッダが答えるのを拒んだことは確実であるが、絶対的なものそれ自体については決して疑っていなかったようである。彼はいった。「生じないもの、創造されないもの、作り出されないもの、形成されないものがある。もしそうでなかったならば、弟子たちよ、生じたもの、創造されたもの、作り出されたもの、形成されたものの世界からの脱出はないであろう」(『ウダーナ』)。ブッダは、現世の移りゆく現象の背後にあって存続している何らかの存在を信じていたのである。

目標ということに関していえば、キリスト教の伝統にも、永遠の生命という似たような表現がある。

目に見えず、耳に聞こえず、
心に思い浮かばなかったことを、
神は神を愛する人々のために用意した。(『コリント人への手紙第一』)

究極の救いの状態は網から逃げた鳥に喩えられる。「この世の中は暗黒である。ここではっきりと(理法を)見る人は少ない。網から逃げられた鳥のように、天にいたる人は少ない」。

ブッダが死んだときに、アヌルッダ長老はその死をたたえた。

心の安住せる聖者にはすでに呼吸がなかった。
欲を離れた聖者は涅槃に達して亡くなられたのである。
ひるまぬ心をもって死の苦しみを耐え忍ばれた。
あたかも燈火の消え失せるように、彼の心は解脱したのである。(『大パリニッバーナ経』)

完成された人の生命は、ふつうの人々にとって詮索し難い。「財を蓄えることなく、食物についてその本性を知り、無条件の自由を得て解脱している人々のいく路は知り難い。空を飛ぶ鳥の迹の知り難いように」(『ダンマパダ』)。これは次の『マハーバーラタ』の一節と比べられるだろう。「空に舞う鳥や水に踊る魚の通る道が見えないように、智慧の所有者の歩む道も見えないのである」。

さて、ここで疑問が生じてくる。救いを得た僧たちはなぜ自殺しないのか、生を続けることはむしろむだではないのか、と。

　王はいった。「私は品行方正で有徳の出家修行者やバラモンを多く知っているが、彼らも生を好み、死を嫌う。幸福を好み、不幸を厭う。もし彼らが、われわれは死んだのちによりよい状態になれる、というのであれば、彼らは自殺したほうがよいのではないか」。

　仏教僧カッサパは答えた。「彼らが自殺することは次のような愚かな行為に喩えられる。すなわち、妊娠中に夫に先立たれた第二の妻が遺産の相続権を得るために、自ら腹を裂いて胎児を取り出そうとするようなものである。彼女は自分自身と生まれるべき子供と、両方の生命を失うことになるだろう」。

　ブッダ最後の旅の途中で、弟子のアーナンダがブッダのもとにやってきて、死んだ者たちの死後の運命を案じて彼らが畜生・地獄・餓鬼・悪処に再生してはいまいかと尋ねた。

　ブッダはアーナンダに告げた。

　欲望、貪り、利己的な存在への執着という三つの束縛を完全に破壊してから死んだ人々は、死後の状態を心配するには及ばない。彼らは苦の状態には再生しない。彼らの心は悪い行為ないし罪の業（カルマ）として存続せず、最終的な救済を確信するだろう。

　彼らが死ぬと何も残らず、ただ善い思いと正しい行為と真理と正義から生じる至福とだけが残される。川がついにはるか離れた海に行き着くように、彼らの心は高次の存在へと再生しながら、ついに最終目的である真理の大海すなわち永遠なる平安・涅槃にいたる。

アーナンダよ、人は死と死後の運命とを心配するが、人間が死ぬということは何ら不思議なことではない。しかしもしもそれぞれの人が死んだときにこの意義を尋ねるのは、幸いなる人（ブッダ）にとって煩わしいことである。ゆえに、私はここに〃真理の鏡〃という教えを説こう。

「私には地獄は消滅した。畜生のありさまも消滅した。餓鬼の境涯も消滅した。悪処に堕することもない。私は聖者の流れに踏み入った者であり、もはや堕することなく、必ずや悟りを究めるであろう」

さて、この〃真理の鏡〃という教えは何であるか。それは、正しい弟子は仏と法と僧に対して清らかな信仰をもっている、ということとの自覚である。（『大パリニッバーナ経』）

これらは聖パウロの言葉に比較されうる。

死よ、汝のとげはどこにある。死よ、汝の勝利はどこにある。死のとげは罪であり、罪の力は律法である。しかし感謝すべきことに、神は主イエス・キリストによって、われわれに勝利を与えてくれた。（『コリント人への手紙第一』）

ブッダは次のようにも述べている。「大海がただ塩味だけを有するように、この教えと戒めはただ解脱の味だけを有する」と。

なぜそうなのか。聖者は完成された者になったことを宣言するが、その完成された状態には区別がないからである。聖者は〃大海のように、深遠かつ無限で底の測り難い者〃となるのである。

ブッダは、彼の教えにおいて努力する僧たちが救済されることを、はっきりと断言している。彼らが苦の状態に再生することは、断じてないのである。しかしながら、理想の状態は死後ではなく現世で実現されるべきであり、そこで〝現世での涅槃〟が強調された。仏教が説く〝現世での涅槃〟は、ヒンドゥーの哲学者が説く〝現世での救済〟と多くの共通点がある。

解脱したという認識が生じると、修行者は次のように知る。

生は尽きた。修行は完成した。なすべきことをなし終えた。もはやこのような状態へはいたらない。(『ディーガ・ニカーヤ』)

これは、〝前に述べたものよりもさらに優れて妙なる、目に見える出家修行者の果報〟と呼ばれ、〝これよりもさらに優れて妙なる、目に見える出家修行者の果報はない〟。

ブッダは、何であれ解脱するのを遅らせたり、引き延ばしたりするものを、すべて避けた。

怠ることなく、努め励めよ。

これが私の教えである。

さあ、私は円《まど》かな安らぎに入ろう。

私はあらゆることについて解脱している。(『テーラ・ガーター』)

解脱とは、苦の原因となるべき欲望から解放された状態が習慣化している心に見いだされるのである。

救いないし悟りは現世で得られる。

修行者は阿羅漢たる境地すなわち心の解脱、智慧による解脱を現世においてみずから実証し実現して、さらにここで暮らす。修行者たちがその実現のために私の下で修行をする、さらに優れて妙なる境地とはこれである。(『ディーガ・ニカーヤ』)

私が涅槃の概念についてかなり詳しく考究してきたのは、いまだに西洋で優勢となっている誤った観念を除きたいがためである。というのもその誤解によって、仏教でいう涅槃の希望とキリスト教でいう天国の希望、永遠の生命との間に、ふつうに考えられているよりもずっと多くの共通点があるという認識が妨げられているからである。

キリスト教の伝統でも、仏教でいう避難港とか洪水に残された島とかに類似した素晴しい表現が見いだされる。黙示録による天国の都の描写は、後代の仏教における阿弥陀仏の浄土の描写に匹敵するであろう。それはある仏教徒たちの間では、涅槃と同一視されているものである。「城壁は碧玉で築かれ、都はガラスのような純金で造られていた」。

この天国の都での祝福された状態は、涅槃を救いと見なす仏教の経典を思い起こさせる。「もはや死はなく、悲しみも嘆きも痛みもない。以前にあったものがすでに過ぎ去ったからである。するど御座に座っていた方がいわれた。『見よ、私はすべてのものを新しくする』と」。

最も普及しているキリスト教の賛美歌のなかには、例えば〝金色のエルサレム〟のように、この天国の都というテーマを反映しているものがある。同じテーマで、イギリスの清教徒ジョン・バニヤンは『天路歴程』を書き上げたが、それはかつてイギリス本国で聖書そのものと同じくらいに広く読まれた。

しかしながら、キリスト教の伝統には仏教と同様に、究極の目標は想像や描写を超えているという見解があった。

目に見えず、耳に聞こえず、
心に思い浮かばなかったことを、
神は神を愛する人々のために用意した。(『コリント人への手紙第一』)

信仰とは、望んでいることを確信し、まだ見ていないことを確認することである。

仏教徒と同じようにキリスト教徒も、〃熱心に努力して目標を勝ち取る〃ように求められる。聖パウロはピリピ人に対して〃主の下で喜ぶ〃ように諭すときに、彼にならう者になるようにと求めつつ、〃目標に邁進〃しなければならないと主張する。

ヒンドゥー教や仏教の経典に明らかなように、人間の運命についての希望や恐怖が、つねに宗教的関心と結び付いているという事実は注目されるべきである。ここで、仏教の涅槃は虚無すなわち全くの無を意味する、という一部の西洋人の提言について、さらに批判する必要があると思う。そのような考え方が一因となって、仏教は本来、初期にあっては宗教ではなく、大乗仏教へと発展して初めて宗教となり得た、という見方が生じるのである。だが、そのような説は事実とほとんど合致しない。仏教は最初期からインドで広く受容されており、のちにはインドを超えて、自分たちの運命について人一倍の関心があって時間と変化を超越したある目標を探求する人々の間に浸透していったのである。

二、目標にいたる道

さて、人間の現状に対する暗い見解にもかかわらず、仏教とキリスト教の両伝統には、悲観主義よりもむしろ楽天主義の傾向が強い。すなわち、救済という目標を設定し、苦しんでいる者たちはその目標に向かっていそしむように求められるのである。しかし、どのように努力すればよいのか、またどのように障害を克服して目標にいたるのか。いったい、いかなる道が示されているのであろうか。

よく知られているように、四つの聖なる真理（四聖諦）という仏教的分析の最後には、八つの聖なる道（八正道）が説かれている。その道は厳しい思索ないし知的な修練を意味し、そのためには無知を克服すべくたゆまぬ努力が必要である。なぜならば、仏教の見解では、人間の現状とその展望に関する無知は、目標にいたることを妨げる主要な障害の一つだからである。

修練はすべからく道徳的なものである。

無知は邪悪な欲望すなわち渇愛の主たる原因であり、両者で、一つの事実の理論面と実践面とを表す。渇愛の知性に欠けている面が無知であり、無知が具体的に現実化したものが渇愛であるが、実際の生活では両者は一つなのである。

キリスト教でも無知が掲げられ、神からの疎外の根元と見なされている。「彼らの知力は暗くなり、彼ら自身の無知と心の頑迷さによって、神の生命から疎外される。そして無感覚となり、貪欲で、ありとあらゆる不潔な行為をしてはばからない」。

インド一般の思想家と同様に仏教徒にとっても、知と意志とは非常に緊密に関係し合っていて、両者の区別はつかない。チェータナーという言葉が思考と意志の両方の意味で用いられている。それゆえ、知が得られるときに苦悩が終わるのである。ブッダとは悟った人を意味し、存在の謎を解き明かし苦の止滅の教えを発見した人の意味である。ゴータマがブッダになったのは、この最高の悟りすなわち智慧を得たからであり、ここから善は知に基づいているということができる。

善と知との緊密な関係は、ソクラテスやプラトンにも特徴的である。善と知の緊密な関係を主張する仏教とギリシャ哲学の二つの方法の相違についてはさらなる考究が必要であるが、仏教の場合には無差別の思想が前提となっており、他方、ギリシャ哲学の場合には善悪のような二つの対立概念のうち、一方を選択するという思想が含まれているように思われる。

キリスト教にも似たような表現がある。イエスが「汝は真理を知るだろう。また真理は汝を自由にするだろう」といったのは、仏教の次の章句に対応する。「バラモンが彼岸に達した(完全になった)ならば、一切を知った彼には、すべての束縛は消え失せるであろう」(『ダンマパダ』)。哲学的ないし直観的知の欠除という問題は、さまざまな文明において実践面で非常な重要性をもっていた。それに関して、種々ある仏教の縁起の教説を簡単に要約してみよう。

一、無知（知の欠除）によって苦がある。
二、知（無知の消滅）によって苦がない。

仏教の思想家たちは無知と苦とを両端に置き、その間に幾つかの項目を並び立てた。「これがあるときにかれがある。これが生じるときにかれが生じる。これがないときにかれはない。これが滅するときにかれは滅する」。これがすべての形式に適用される基本的な公式である。仏教の縁起はインド医学の病理学に匹敵し、四つの聖なる真理はそれぞれ、診断・病原・予後・治療法に相当する。

この縁起と呼ばれる定型句は経典の随所に繰り返され、それぞれの用語について、経典と註釈の両方で入念な説明が施されている。

経典によると、ブッダは生が老・死などの苦の原因であることを発見し、その連鎖を無知にまでさかのぼらせた。そして逆に、無知が形成力を生じ、それがまた意識を生じるというように、因果関係の連鎖をたどり、老・死の原因としての生に戻り着いた。また逆に、生の止滅が苦の止滅であるとの認識から、ついに無知の止滅が結局は連鎖全体の止滅につながることを発見した。彼はこのように、因果関係の連鎖を順逆二様に観照してブッダになったといわれる。言い換えれば、彼は苦からの救いの道を熟考し、苦の原因が無知であること、したがって無知を滅すれば苦も滅するということ、を見いだしたのであった。

それでは、この無知（無明）とはいったい何であるか。それは正しい直観知がないことである。

しかし、何に対する直観知であるかという点については、経典は何も語らない。このことは、のちに縁起の概念が発展するにつれて問題となってくるが、最初はおそらく無常ないし無我の理法が意味されていたのであろう。

注目すべきことは、縁起の理法が諸仏の権威とは無関係に説かれたということである。それは普遍的真理を表現するものとして、神々の行為はいうまでもなく、ブッダの出現とも関係なく永遠に正当性を保つと考えられた。「このことは、完成された人（如来）が世に出ようとも、出なくとも、真理として定まっており、規範として確立している。完成された人はそれを悟り、よく理解して人々に教え示すのである」（『サンユッタ・ニカーヤ』）。

ブッダは形而上学的実体としての魂の存在を想定しなかったが、実践的道徳的意味において、行為の主体としての自己の存在を認めた。初期の仏教では、それは自明のことであった。〝自己を知る者〟は非常な尊敬を受け、自分自身を依り所とすることも非常に強調された。ブッダは最後の説法で、弟子アーナンダに説いた。

みずからを灯明とし、みずからを頼りとして、他を頼りにするなかれ。
真理を灯明とし、真理を依り所とし、他のものを依り所にするなかれ。（『大パリニッバーナ経』）

ブッダによると、邪悪な行為は自分自身を害する。「自分が作り、自分から生じ、自分から起こった悪が愚か者を打ち砕く。金剛石が宝石を打ち砕くように」「愚か者には悪い報いが熟する」

「きわめて性悪な者は、仇敵が彼の不幸を望むとおりのことを、自分に対してなす。蔓草が木にまとい付くように」(『ダンマパダ』)。

　二種類の自己が区別された。気紛れな日常生活における経験的自己と、実践的意味における潜在的自己である。前者は克服されるべきである。「戦場において一〇〇万の敵に勝つとしても、ただ一つの自己に克つ者こそ、じつに最上の勝利者である」(同書)。

　後者は〝自分の主〟と呼ばれる。「自己こそ自分の主である。他人がどうして主であろうか。自己をよく調えたならば、得難き主を得る」(同書)。人は真実の自己の要請に応じて、その義務を熱心に遂行すべきである。「たとえ他人にとっていかに大事であろうとも、他人の目的のために自分の務めを捨て去ってはならない。自分の目的をよく知って、自分の務めに専念せよ」(同書)。義務は人間関係のなかで決定される。自分自身に真実であることは他者に対して真実であることと同じであり、初期の仏教では、自分自身を制御することが利他的な行為の出発点であった。「まず自分を正しく調え、次いで他人に教えよ。そうすれば賢者は煩わされることがないであろう」「他人に教えるとおりに、自分でも行なえ。自分をよく調えた人こそ、他人を調えるであろう。自己は実に制し難い」(同書)。

　したがって、涅槃の実現は自分自身における真実の自己を依り所にすることである、と結論づけてよいであろう。この点でブッダの教えは、ウパニシャッドやヴェーダーンタ哲学の思想と非常によく似ている。ただ後者の自己すなわちアートマンが形而上学的であったのに対し、ブッダのいう自己は純粋に実践的なものであった。そしてこの思想を背景に、後代には大乗仏教が〝大我〟の概念を発展させることになるのである。

仏教では、日々の生活の仕方、つまり、正しい生活をし、悪を排除することを非常に強調する。〝自我は存在しない〟などの単なる理論的命題は、全く無益で役に立たないものと見なされ、すべての仏教徒は、我欲のない生活を送るにはどうすればよいか、をブッダから学ぼうとする。命題的表現は単なる道具にすぎず、正しいかどうかの判断はその結果次第である。それゆえ一つの主題に対しても、縁起・四聖諦など幾つもの教えがあるのである。

ブッダの教えは、人を運ぶ船という意味で、乗り物に喩えられる。仏教という乗り物に乗り込むことは、生存という川を渡り始めることを意味する。すなわち、悟りなき世俗的経験という岸、精神的無知（無明）や欲望（渇愛）や苦に満ちたこちらの岸から、超越的明知という岸、束縛や苦から解放されたあちらの岸へと。ブッダは問う。「一人の男がいて筏を作り、それによって対岸にたどり着くことができたとしよう。汝はどう思うか。この賢い男は川を無事に渡らせてくれたことを感謝して、対岸に着いたのちにも筏を背負って歩くだろうか」。僧は答えた。「いいえ、そうではありません」。そこでブッダは次のように結んだ。「それと同じように、悟り（涅槃）という対岸に着いたならば、乗り物であるこの教えは捨てられるべきであり、顧みられなくてもよいのだ」（『マッジマ・ニカーヤ』）。教えは筏のように、ひとたび目標を達成すればその用はなくなる。（手段としての）筏の形・重さ・材料の違いが問題にならないのと同様に、種々ある教えの違いも問題にはならない。この見解は上座部および大乗仏教の両方で説かれている。すでに述べたように、すべての学派にとっての仏教とは、〝救いにいたる道〟にほかならない。初期の仏教徒たちは道を求めた。尼僧ヴァーシッティーは次のように告白する。

彼（ブッダ）の説かれる真理の教えを聞いて、私は出家して、家のない状態に入りました。師の言葉にいそしみましたので、こよなくめでたい境地を現に悟りました。（『テーリー・ガーター』）

キリスト教にも似たような教えがある。「そして御言を行なう人になりなさい。あなた自身を欺いてただ聞くだけの人になってはいけない。御言を聞くだけで行なわない人は、ちょうど自分の生まれついての顔を鏡のなかに見る人のようである。というのも、彼は鏡をのぞいてからその場を去ると、すぐに自分がどんなだったかを忘れるからである。しかし、完全で自由の律法をよく保ち、たゆまず努める人は、すぐに忘れてしまう聞くだけの人ではなく、実際に行なう人である。彼はその行為によって祝福されるだろう」（『ヤコブの手紙』）。

イエスは律法遵守を説くパリサイの徒の細かな規則を捨てることにより、一般民衆の宗教上の負担を軽くした。パリサイ人たちは、もしその日が安息日であれば、腹をすかせた人々がとうもろこし畑のなかを通るときに、ちょっとその皮をむいたとしても、決して許さないのである。「安息日は人間のために設けられたのであって、安息日のために人間が設けられたのではない」。イエスはこのように宗教をより単純で良識にかなったものにしたのである。

人間存在の本質を合理的に分析する態度は、仏教の伝統をなす特徴である。しかし、仏教の合理主義が、人間の活動や悟りの獲得とは無縁な問題に関する形而上学的思索とは一線を画していたのは注目される。ブッダの教えは西洋的な意味での体系ではなく、むしろ道であり、ブッダとは単にこの道を歩み、彼自身が発見したことを他の人々に告げることのできる人であるにすぎない。如来とは、この意味で、道を歩む人と解釈できるが、それは当時のさまざまな宗教において共通に用いられた名称なのである。

三、中　道

仏教によって強調されてきた普遍的規範は人間の本質と矛盾せず、すべての人に当てはまるべきものである。初期の仏教徒たちが説いたこの根本原理にかなう道は、極端を離れているがゆえに中道と呼ばれた。一方の極端は世俗の欲望を卑しく求めることであり、もう一方の極端はみずから肉体を苦しめさいなむ苦行者の実践である。

類似の思想は、中国の聖人によっても唱道された。孟子は「孔子は極端を離れた人だった」と語っているし、『中庸』は偉大な中国の古典の一つに数えられている。〝極端なるもの は何もなし〟という有名な格言はソロンに帰せられ、ヘラクレイトスは節度を守る徳を説いた。そしてアリストテレスによって中庸の教えが唱えられるにいたった。中道が、インド・ギリシャ・中国で、ほとんど同時代に説かれたことは興味深い一致である。

しかしながら、中庸ないし中道によって主張された内容はといえば、異なった状況の下で説かれたのであるから、当然のようにかなり異なったものであった。

そのなかで仏教は独自な立場に立っており、ブッダが宣布した中道の教えは、宗教生活においてさえも、特別なドグマがないといわれる仏教の根本的態度と関連している。人間の一生の普遍的規範は、たとえその適用がさまざまに異なっても、つねに不変である。したがってそれぞれの場合に最もふさわしい仕方で適用されなければならない。普遍原理は、めまぐるしく無限に変化する現実生活の状況に順応できなければならない。そうでなければ、個人の倫理的自律性がわずかな外的変化によって不当に損なわれるおそれが生じてくるであろう。この危険を避けるため、ブッダは弟子たちに対して、中道の精神を依り所とするように勧めた。この基本的性格は、時代や人種によりその適用に変化があったとはいえ、今日にいたるまで仏教世界全体を貫いてきた。すべての仏教徒は、今日もなお中道の原理に従っている。

当時の苦行者の多くは奇異な修行を誇りとしていたが、仏教徒たちは彼らを軽蔑した。

愚者よ、螺髪を結うて何になるのだ。
かもしかの皮をまとって何になるのだ。
汝は内に汚れを蔵して、外側だけを飾る。（『ダンマパダ』）

イエスの教えにも類似したものがある。「偽の預言者に注意しなさい。彼らは羊の衣をまとってあなたたちのところにくるが、そのなかは貪欲な狼である。あなたたちはその実によって彼らを知るだろう。茨からぶどうが、また、あざみからいちじくが集められるだろうか」(『マタイの福音書』)。

伝統的な苦行者たちが清潔なのは外面だけである。しかし、清らかさは精神に存するものである。そこで、おのおのの内面のいかんが問われた。「犠牲よりも、行ないの正しい人々を尊ぶことのほうが優れている」(『ダンマパダ』)。イエスも洗礼などの儀礼をあまり語らず、むしろ信仰における個人の目覚めを力説した。

感覚的な喜びは人間に付きものであるが、人間はただそれだけのものではない。ブッダはいった。「学ぶことの少ない人は、牛のように老いる。彼の肉は増えるが、彼の智慧は増えない」(同書)。アモスは同時代の肉感的な女性たちに向かっていい放った。〝バシャンの雌牛たちよ〟と。つまり肉体的には豊かであっても、精神的には貧しい者たちという意味である。ヘラクレイトスも、「もし幸福が肉体的な喜びにあるのなら、餌を見付けた牛たちこそが幸福であろう」(『断片』)と述べている。

ブッダはいった。「下劣な仕方になじむな。怠けて安逸に暮らすな。よこしまな見解を抱くな。世俗の煩いを増やすな」(『ダンマパダ』)。イエスもいった。「狭い門から入りなさい。滅びに導く門は大きくその道は広いからである。そしてそこから入って行く者たちは多い」(『マタイの福音書』)。

ブッダと同時代の数多くの苦行者たちは、肉食をしないという誓いを守っていたが、ブッダはその実践を意味がないとして退けた。肉食自体は必ずしも悪いことではなく、人の心の邪悪こそがまさしく不浄と呼ばれるべきである、と彼は説いた。「生きものを殺すこと、打ち、切断し、縛ること、盗み、嘘をつくこと、詐欺、騙すこと、邪曲を学習すること、他人の妻に親近すること——これが汚れであり、肉食はそうではない」「怒り、驕り、強情、反抗心、偽り、嫉妬、ほらを吹くこと、極端な高慢、不良の徒と交わること——これが不浄であり、肉食はそうではない」(『スッタニパータ』)。

同様にキリストも語っている。「口に入るものは人を汚すことはないが、口から出るものは人を汚す」(『マタイの福音書』)。そのような立場から、上座部では菜食主義を守らなかった。しかしながら後代には、すべての生きものに対する哀れみの感情から、菜食主義が前面に押し出されるようになった。現在、南アジアの国々には仏教徒の菜食主義者が多くいるが、チベット・ネパール・日本にはほとんどいない。

仏教徒が中道を重んじるのは、だらしなさや怠惰や熱意に欠けることを意味しない。仏教僧たちはむしろ、非常に熱心に努力して目標を達成するように奨励された。仏弟子たちは、「信があり、恥じる心があり、邪悪を恥じ、博学であり、努力し励み、心の念《おも》いが安定していて、智慧をもった者」(『大パリニッバーナ経』)であるように努めなければならなかったのである。

第五章　教　団

一、道における努力

ブッダは最後の説法で、不放逸に努力することを弟子たちに諭した、と伝えられているが、サーリプッタも同様に説いた。

怠ることなく、努め励めよ。

これが、私の教えである。

さあ、私は円《まど》かな安らぎに入ろう。

私はあらゆる事柄について解脱している。（『テーラ・ガーター』）

素行が悪く、心が乱れていて一〇〇年生きるよりは、徳行があり、思い静かな人が一日生きるほうが優れている。

宗教的な成就は、種々の邪悪な激情の抑制に心を深く集中することに伴って実現される。そこで心の清らかさが強調された。「情欲に等しい火は存在しない。怒りに等しい不運は存在しない。迷妄に等しい網は存在しない。妄執に等しい河は存在しない」（『ダンマパダ』）。

ブッダは、「修行僧たちが少しばかり優れた境地に到達したことによって、中途で（涅槃への到達の）中止に陥ることがない間は」（『大パリニッバーナ経』）、教団は繁栄するだろうと述べた。同じような調子で、聖パウロは「前方にあるものに向かって努力しなさい」（『ピリピ人への手紙』）と勧めた。

しかしながら、仏教が強調した努力は、おもに〝精神的な精進〟と理解されるべきである。仏教徒たちは外面的な行為よりも、内面的な行為に、よりいっそうの興味を示した。もちろん彼らが行動的であったことはいうまでもないが。

人は精神と身体を制御することが大切である。ブッダはいった。「ここに修行僧は身体について身体を観じ、熱心に、よく気を付けて、念じていて、世間における貪欲と憂いとを除くべきである（感受、心、もろもろの事象について同様）」（『大パリニッバーナ経』）。

感官を守るというブッダの教えを成し遂げるためには、人はとてつもなく大きな負担を精神に課さねばならない。一度にわずか数分間、心を平静に保つ場合でさえもそうである。「戦場において一〇〇万の敵に勝つとしても、ただ一つの自己に克つ者こそ、じつに最上の勝利者である」（『ダンマパダ』）。ブッダは、果てしのない欲望とそれを静めようとする意志との間に一線を画した。人はこの意志の特質を実践することにより、徐々に、儚いものを退け、永遠なものに心を傾けるようになって、ついに無常なものから全く解放される。ゆえに初期の仏教にとって肝要な徳目は、この努力という特性、精神的精進を各人がつねによく発揮することである。ブッダが弟子たちに行なった最後の説法は、怠ることなくつねに精進努力せよということであった。精神的な精進が仏教最高の徳目であるとすれば、精神的な怠惰は許されない違反行為である。だが、ここで心にとどめておかなければならないことは、精進にしろ怠惰にしろ、いずれも、外的世界とではなく、何よりもまずほかならぬ瞑想と深くかかわっているという事実である。

いうまでもなく、初期のキリスト教および同時代の西洋の他の宗教は、精神的な精進を尊重した。初期のキリスト教では、聖ヒエロニムスが行なったような苦行も勧められたのである。

この特質から注目すべき結論が導き出される。僧および尼僧は柔和かつ温厚たるべきであり、それが彼らの主要な力といわれるほどである。「僧たちよ、ここに八つの力がある。それは何か。泣くことは子供の力である。叱ることは女性の力である。武器は盗賊の力である。統治は王族の力である。誇りは愚者の力である。謙譲は聖者の力である。思索は学者の力である。柔和さは修行者とバラモンの力である」(『アングッタラ・ニカーヤ』)。僧たちにとって、この力は暴力とは正反対のものである。「新プラトン派的な神秘主義者は、仏教徒と比べると絶対的に悪と目される精神的怠惰に、あまり関心を寄せず、そのため彼らはいわば究極の目的のはっきりしない仏教徒のようである。一方、(真の)仏教徒は、究極の目的を実現するためには、このうえなく鋭い識別力を磨く必要があると考えている」「仏教徒が繰り返し行なう自己制御の厳しさや自己依存の精神は、ストア学派を思わせるほどである。しかしながら、その修行において依り所となるのは、ストア学派のような宇宙の秩序と合致する〝理性〟ではなく、それを超越する意志である。この意志への依存は、キリスト教でいう神の意志への服従つまり謙虚さと精神的に等しいものである」（バビット『ダンマパダ』）。

ブッダもイエスも弟子たちに向かって、決して滅びることのない宝を蓄えるように諭した。イエスは天国に宝を蓄える必要性を説いた。「虫も銹も着かず、盗人が押し入って取っていくことのない天国に、宝を蓄えなさい」（『マタイの福音書』）。ブッダは、自分自身のために深い地下倉庫に宝を蓄えるのをやめ、彼岸における幸福のために功徳を積むように、と教えた。

ブッダによると、「人は深い穴に宝を隠すが、それがつねに彼の役に立つとはかぎらない。しかし、男女を問わず、心に慈善・敬虔・自制・従順という宝を蓄えれば、それは力によって奪われることなく、決して失われない。この世の富を捨て去るときにも、これは来世にもっていくことができる。他人と共有せず、盗人にも盗まれない宝である」（『クッダカ・パータ』）。

仏教の分析はきわめて内省的である。しかし残念ながら西洋には、初期の仏教徒たちがかなりの精度で用いた用語と正確に対応するものがない。翻訳者たちのなかには、この精緻なうえに不慣れな心理学的な用語を弁別する仕事に、ときには絶望してそれを放棄してしまうこともあったようである。その結果、ヨーロッパのある学者は、パーリ語で一五もある言葉をわずか一語、〝欲望〟で片付けてしまった。

この相違にもかかわらず、奇妙なことだが、仏教徒の態度は、特に近代的な学問の方法を思い起こさせる。よく知られているように、近代の思想家たちは次第に思弁哲学を離れて、ますます心理的に傾いていく傾向にある。そういう意味では、彼らはブッダと一致しているとみてよいであろう。バビットはこのことについて次のように論評する。「現今の心理学の両極を代表するのは、行動主義と精神分析である。その内、精神分析学者は少なくとも意識状態に反映されているありのままの人間のある欲望や衝動にかかわっている点で、内省的である。反対に行動主義心理学者は客観的であることに熱心で、わずかでも内省的であることを避ける。したがって精神分析学者によって理解されるような本能を否定し、意識そのものまでも否定しようとする。

ブッダには精神分析とも行動主義とも合致する面がある。彼は精神分析学者と同じように、人間の問題を欲望の心理学に帰し、そして欲望そのものを葛藤と適応という観点から扱う。また彼は行動主義心理学者と同じように、人間を形而上学ないし神学的ではなく実証的に扱おうとし、その立場から〝人間とは彼がなすところのものである〟と進んで主張する。もしもブッダの全体像が、精神分析家とも行動主義者ともかけ離れているようにみえるならば、それは彼が人間における自制の原理を、直接知覚の問題として論じているからであり、それは一元論を好む自然主義的心理学のすべての学派が否定するものなのである」(バビット『ダンマパダ』)。これまでにも数多くの宗教が人間の内的生命に注目してきたし、近代の精神分析学者も、異なった角度からではあるが、やはりそれを扱っている。仏教心理学は必ずやこの問題の解決に役立つであろう。たとえ相手が、完全に産業機械化された生活を送り、物質的に満足している近代人であったとしてもである。

仏教は専ら内面的な努力を重要視したが、初期の仏教徒たちは決して外面的な努力の必要性を過小評価していたわけではなかった。アショーカ王がそのよい例である。彼は努力の大切さを強調する『ダンマパダ』第二章が朗唱されるのを聴いて仏教に改宗したといわれる。アショーカ王は臣下たちに布告した。「大いなる喜びをもって精進せよ」「上の者も下の者も、みな熱心に努力せよ」。アショーカ王は政治経済的方面でも、きわめて精力的な統治をみせた。しかしながら総体的にいえば、仏教徒たちは古代の西洋人ほどには、自然界に対する外的努力をしてこなかったように思われる。

二、教団の戒律

「男女を問わず、だれでも所有できる宝がある。それは心のなかに育まれる堅固な宝である。人がこの世の儚い富と別れるときもそれは死後にも身を離れず、他人と共有しない宝である」

これはブッダによって述べられた言葉である。ブッダは中道という決して安易でなくまた怠惰でもない道を断固たる決意をもって歩むべきことを勧めたのである。なぜなら、それは精神の堅固な修練を意味し、つねに自分自身の内的生活を見守り続けなければならないのである。ブッダの方法は実際きわめて内省的であった。この点で、すべて自我は否定されているにもかかわらず、外からみるとしばしば自我が尊重されているかのように思われた。しかも探求されるべき宝は

〝他人と共有しない宝〟なのである。ブッダは極端な苦行を否定したが、彼が説いた道は出家だけが最もよく実践できる道のようにみえた。そして、彼が創設した教団（サンガ）の僧たちは、仏教外ばかりでなく仏教内からも、自己の解脱だけに熱心であるとして非難を浴びた。

ブッダはみずからこの教団を創始し、四五年に及ぶ伝道生活の間に、徐々にではあるが指導上の多くの規則を作っていったようである。しかしキリスト教の修道院とは違って、仏教の僧団は厳密な組織ではなかった。仏教の信者にはさまざまなタイプがあるが、いずれもかなり個人主義的であり、硬化した外的権威を概して認めなかった。インド仏教には、権威を強要する強い統制機関は全く存在せず、仏教教団の統制力はむしろ薄弱であった。このことは、古代インドが政治的意味での国家の統一に欠けていた事実と対応する。

自己修練を説くブッダの組織はすべての人がだれでも参加できるものであり、特定の地域、特定の社会に関係なく実践されうるものであった。したがって、弟子は師と行動をともにしうる者に限定されず、遠く離れた地方の信者も、自分たちで仲間同士の共同体を形成することができた。弟子たちは新しい構成員を教団に入れるに当たって、ブッダに相談や報告をしなくてもよかった。この方法により、開祖ブッダの死後も、教団は確実に存続できたのである。

僧院生活は、それだけが最高の目標に到達するための信仰生活に最適な状況を作り出せると信じられていた。「利得をもたらす生活があり、また涅槃にいたる生活がある。ブッダの弟子である修行僧はこの理《ことわり》を知って、この世の栄誉を喜ばず、それから離脱することを求めよ」（『ダンマパダ』)。ここでいう〃それからの離脱〃とは、単に精神においてだけでなく、現実の生活における離脱をも意味していると思われる。「家から出て、家のない生活に入り、楽しみ難いことではあるが、世捨て人の生活のなかに喜びを求めよ。賢者は欲楽を捨てて無一物となり、心の汚れを去ってみずからを清めよ」(同書)。

世俗の欲望を追求することは、炬火《たいまつ》を持って逆風に向かって走る人の姿に喩えられる。その炬火を直ぐにも捨てないと、炬火の炎がたちまちその人を焼いてしまうであろう。もし道を追究することに専心しようと願うならば、在家の生活は捨てられるべきであると考えられた。家のない生活が理想なのであり、世間一般の俗事にかかわりをもつと、そのことが容易に克服し難い大きな障害になるのであった。

在家の生活は障害に満ち、情欲で汚れた道である。一方、世俗のすべてを捨てた者の生活は大空のように自由である。在家者にとって、全く満たされ、すべてに純粋で、完全な輝きにあふれた修行生活を送ることは難しい。さあ、今こそ髪を剃り、鬚を落とし、黄色の衣をまとって、在家の生活から家のない状態へと出家しよう。(『ディーガ・ニカーヤ』)

また、

この不死の境地は、多くの人々が悟ったものである。
そして今日でも、正しく専念する者はこれを得ることができる。
しかしながら、努力しない人は、これを得ることができない。(『テーリー・ガーター』)

僧たちはほんのわずかなもので満足していた。

寒風を防いで身を守ること、恥ずべきところを覆うだけのことはした。

彼らは適量のものを受用し、縁に従って得たもので満足していた。(『テーラ・ガーター』)

道を求める人は財産および親族を捨て、髪を剃り、鬚を落とし、黄色の衣を身にまとって、在家の生活から家のない状態へと出家した。「このように彼は出家者となり、定められた戒律により自己を制御し、行いは正しく、わずかな罪にも恐れを感じる。戒の条項を正しく受け入れ、そのなかで自己を鍛練し、身体と言語と心において正しい行ないをなす。生活は清浄で、行為は正しく、感官をよく守り、思慮深く、自覚的であり、つねに満足している」(『ディーガ・ニカーヤ』)。僧たちは僧院において、すべての時間を瞑想と学習とに当てることができたし、食物や衣服に対する執著を少なくし、性的な衝動をなくすことができた。要するに、すべての行為を抑制できたのである。

最初期には、仏教の修行僧たちはおもに人里離れた寂しい場所で生活した。「彼は、森・樹下・山岳・峡谷・洞穴・墓地、露天で藁の堆積しているような寂しい場所を選ぶ。そして、彼は乞食から帰ってきて食事を終えると、足を正しく組み、身体を真っ直ぐにして、心を専注し集中して座る」(同書)。しかしながら、のちに仏教が盛んになっていくにつれて、僧たちは次第に現在のごとく、僧院で生活するようになった。この傾向は西洋でも認められる。

精神の清浄が強調された。「彼は世間に対する渇望を捨て、渇望の去った心をもって過ごし、渇望から精神を清浄にする。彼は生きものに対する害意を捨て、悪意を離れた心をもって過ごし、悪意から精神を清浄にする。彼は心の倦怠を捨て、意識を明晰に保ち、思慮深く、つねに自覚的で、倦怠と怠惰から精神を清浄にする。彼は心の動揺と不安を捨て、浮わついた気持ちを離れ、内的に平静となり、浮動といらだちから精神を清浄にする。彼は疑いを捨て、疑いを超越して過ごす」「これらの障害が彼の内において捨てられたとき、彼はそれをあたかも、借金から解放されたように、病気が治ったように、牢獄から出たように、奴隷状態から解放されて自由になったように、荒野を抜けたように感じる」（同書）。

僧は、夜明けから正午までの間を除いて、食物をとることができず、また、アルコール飲料は、全面的に禁止されていた。僧が食物を手に入れるふつうの方法は毎朝手に鉢を持って家から家へと乞食をして回ることであった。仏教徒たちは乞食の実践を諸善の根本と見なしたので、僧にはそのような生活について劣等感は全くなく、むしろ自分は決して怠惰なのではなく、欲望を抑制し、瞑想をいっそう進展させるのに専心しているのだと感じていた。また、布施は基本的な善行の一つであるから、自分が施物を受け取れば、在家者に功徳を積ませたのであると考えていた。

弟子は行住坐臥・語黙飲食にわたって、何をしていようとつねにその行為が何を意味しているのか、例えばその行為の無常性とか倫理的意義などを、心にはっきりと認識していなければならなかった。そして、行為の背後には永続する実在としての行為者（行く者、見る者、食べる者、話す者）は存在しないことをよく観察しなければならなかった。

「感官の入り口が守られている僧とはどのようであるか。彼は対象を目で見るが、その外観ないし詳細な内容に囚われない。また、貪欲・失意などの邪悪な状態に陥らないように自制している。彼は例えば視覚においてつねに注意を怠らず、ついにはそれを支配するにいたる。彼はみずから、感官を制御し、彼自身の内部において、汚れのない安らぎを感じる。このようにして、僧は感官の入り口を守るのである」「思慮深く、自覚的な僧とはどのようであるか。僧は行くときも帰るときも、自覚的に行動する(ここに総括されているのは、行為そのものの直接的目的、その倫理的意義、それが彼の求める高い理想に役立つか否かということ、外的行為という単なる現象の背後にあるリアルな事実、である)。また、前を見るとき、後ろを見るとき、腕を伸ばすとき、腕を縮めるとき、食べ、飲み、噛み、飲み込むとき、排泄するとき、歩き、止まり、座るとき、眠り、目覚めるとき、語るとき、黙っているとき、僧はすべて自覚的に行動する。このようにして、僧は思慮深く、自覚的である」(同書)。

西洋でも、聖パウロが同じ趣旨のことを説いている。「だから、食べるにしても飲むにしても、また何をするにしても、すべて神の栄光のためにしなさい」(『コリント人への手紙第一』)。

初期の仏教では、僧も尼僧も純潔の誓いを厳しく守った。僧たちは、女性について非常に注意深く慎んでいなければならなかった。アーナンダはブッダに質問した。

「尊者よ、われわれは女性に対してどのように振る舞えばよいのですか」

「アーナンダよ、見るな」

「しかし、見てしまったときには、どうすればよいのですか」
「アーナンダよ、話し掛けるな」
「しかし、話し掛けられてしまったときには、どうすればよいのですか」
「アーナンダよ、そういうときには、慎んでおれ」（『大パリニッバーナ経』）

また、

欲望の支配力は人間の上に大きくのしかかり、恐るべき存在である。それゆえ、堅固な忍耐を弓とし、智慧を鋭い矢とせよ。正しい思索によって理性を守り、断固たる決意でもって五つの欲望と戦え。女性の美しさに心が混乱すると、貪欲がはびこり始め、精神は錯乱に陥ってしまう。（『仏所行讃』）

現存するパーリ律蔵には、僧に関して二二七、尼僧に関して三〇五の規則が含まれている。後代の保守系の学派（法蔵部など）では、僧に関して二五〇、尼僧に関して三四八の規則が定められた。しかし、ブッダは最後の説法で、「アーナンダよ、私が死んだのちには、教団がよしとするならば、細かな規定は廃止してもよい」（『大パリニッバーナ経』）と告げたといわれる。それゆえ、地域が広がり時間がたつにつれて、戒律はさまざまに変化していった。

仏教の道がもつ内省的性格のゆえに、僧たちは特に精神の寂静を尊重し、それを得るための瞑想の実践を強調した。それは、悟りにいたる道および倫理的生活のために必要な修練であり、また五感に対する執著を抑制するための注意深さを増大させる方法でもあった。精神集中の実践はインド一般ではヨーガと呼ばれるが、このyogaという言葉はラテン語のjugum、英語のyokeと関係がある。譬喩的にいえば、ヨーガを行なうとは、自然状態の衝動を抑制する、つまり、つなぎとめる（yoke）ことである。もっとも、この言葉はふつうには、瞑想において特殊な意志の特質を発揮させることを意味する。また、瞑想において自己をつなぎとめることは、時には実際に馬や牛をつなぐ行為に喩えられる。ブッダ自身が偉大なヨーガの実践者として描かれているが、それもある程度は正当である。

原始的なアニミズム（精霊崇拝）では、外界に対するあらゆる感覚がなくなった人に、霊魂が取り付くという信仰がある。その人は一般人には及びもつかない超自然的洞察力をもつと考えられた。インドでは、ソーマ祭がヨーガと何らかの関係をもっていたヴェーダの時代から、その類の信仰や瞑想ないし恍惚境の実践が重要視され、以後も決してその魅力を失わないでいた。仏教の経典から明らかなように、仏教が興った時代にはそのような信仰が隆盛をきわめており、ブッダの師となった人々もそれを行なっていた。

瞑想によって輪廻の惨めさから解脱したいと願っていたのは、当時ゴータマだけが特別であったというわけではなく、ゴータマが生きた時代および地域で共通の努力目標であった。そして自分たちが望む目的を得るために、数多くの方法が試みられていた。しかしブッダは、他の修行者たちが説く瞑想法に満足しなかった。それらの瞑想法の多くは、感覚に支配される世界から寂静な領域へと導いてはくれるが、無知が残っているかぎり、渇愛が生じ、それに従って不幸が再び起こる可能性があった。それゆえ、彼はこれらの修行法を活用して、一切は無常であるという自覚を弟子たちの心に深く浸透させようとしたのであった。

仏教の伝説に、カンハ仙人の事跡が伝えられている。ヒマラヤ山中で仙人生活をするために財産の一切を捨てた彼に、神々のなかで最も偉大なインドラが、望むものは何でもかなえようと申し出る。だが彼は、憎しみや欲望や貪欲からの自由と寂静とを、すべての贈りもののなかで真に最も素晴しいものとして望んだだけであった。

ブッダは師アーラーラ・カーラーマから多くを学んだようである。彼の弟子がブッダに一つの逸話を語った。それによると、あるときアーラーラ・カーラーマは大道を歩いていたが、暑い日差しを避けてしばし休むために、道からそれてある木の下に座った。そこへ五〇〇台の車が次から次へとやってきて彼のすぐ横を通り過ぎた。そうすると、その車の行列のすぐあとに付き従っていた一人の男がアーラーラ・カーラーマに近づいて尋ねた。

「尊者よ、あなたは五〇〇台の車が通り過ぎたのを見ましたか」

「いや、見なかった」

「では、音を聞きましたか」

「いや、聞かなかった」

「では、あなたは眠っていたのですか」

「いや、眠ってはいなかった」

「では、意識があったのですか」

「そのとおりである」

「それでは、あなたは意識があり目覚めていて、五〇〇台の車が近くを通り過ぎたのを見もせず、聞きもしなかったのです。尊者よ、あなたの衣服にはそれらの埃が付いています」

「そのとおりである」

そこでその男はこう思った。「素晴しいことだ、じつに不思議なことだ。じつに出家者たちは心静かに過ごしている。意識があり目覚めていて、五〇〇台の車が近くを通り過ぎたのを見もせず、聞きもしなかったとは」と。彼はアーラーラ・カーラーマに対する大いなる信仰を述べて去って行った。

この話を聞いて、ブッダはアーラーラ・カーラーマの弟子にいった。「あるとき、私はアートゥマーで籾殻《もみがら》の家に住んでいた。ちょうどそのとき、天に雨降り、雷鳴轟き、電光ひらめいて、兄弟二人の農夫と四頭の牛が死んでしまった。しかし、私は意識があり目覚めていて、それを見もせず聞きもしなかった」(『大パリニッバーナ経』)。

この話によって、当時の人々が瞑想の効力をいかに高く評価していたかがわかる。瞑想に対して下されるこのような評価は、僧院生活によってもたらされる独居の尊重と大いに関係がある。

このことはキリスト教の場合にも当てはまる。キリスト自身はブッダとは異なり、伝道期間中に教団を設立しなかったが、仏教の出家修行僧に相当するキリスト教の独居の修道士は、キリスト教史の初期にすでに現れており、続いて興った修道院は、キリスト教会の歩みのなかで注目すべき役割を果たした。キリスト教の僧たちも仏教と類似の修行を行なっていたのであり、瞑想の実践はそのような修行の一つの特徴であった。厳格な沈黙を遵守するトラピスト修道会の僧も、仏教の僧と同じように、俗世間から隠遁していることは確かである。

西洋の宗教は世俗的であり、インドの宗教は〝超世俗的〟である、という意見が広くいきわたっている。現在に関してなら、そういえるかもしれないが、両文明における宗教の歴史をさかのぼってみれば、決してそのように区別することはできない。東洋でも西洋でも古代の聖者たちは、世俗生活の真っただ中にあって、世俗生活を超越したいと望んでいたのである。ブッダはいった。「青蓮華・紅蓮華・白蓮華が水のなかで生じ、水のなかで育ち、水の上で花を開きながら、水に汚されないように、そのように完成した人（ブッダ）は、世間のなかで育ちながらも世間に汚されない」。また、ヨハネによると、イエスは〝私は世のものではない〟といったという。

宗教における超世俗性は、東洋と西洋の古代の宗教に共通する際立った特徴と見なしてよいであろう。

ラーダークリシュナンは次のように論じる。「世界の終わりが近づいたというイエスの終末論的教えは、彼が神の王国はこの自然界に実現されるとは考えず、超自然力によって突如としてどこかに現れることを期待したというかぎりにおいて、世界や人生に対して否定的な態度を表明しているといえる。きたるべき王国では、国家その他の世俗的な制度や状況は全く存在しないか、理想の形式でだけ存在するかである。また、イエスが説くことのできた唯一の論理は消極的なもの、つまり人を俗世間から解放し、王国にとってふさわしくさせるためのものであった。それは贖罪的修練であり、人間的倫理ではない。若い資産家がイエスに近づいていった。『永遠の生命を受けるために、私は何をすればよいのでしょうか』。イエスはまず戒めについての彼の知識を尋ねた。彼は答えた。『私はこれらの戒めを幼いころから守っています』。イエスはいった。『帰って、すべての財産を売り払いなさい。そして貧しい人々に与えなさい。そうすれば、あなたは天に宝をもつようになるでしょう』。また『それと同じように、あなたたちのなかのだれであろうと、財産をすべて捨てられる者でなくては、私の弟子にはなれません』『世間と世間にあるものを愛してはいけません。世間を愛するならば、その者に父の愛はないでしょう』。これらの言葉は、ありとあらゆる種類の社会的価値を断固として否定するものと解釈してもよいであろう」（ラーダークリシュナン『東洋の宗教と西洋思想』）。『ヨハネの福音書』には、肉と霊との対比が示されている。「肉から生まれるものは肉であり、霊から生まれるものは霊である」。

新プラトン主義は唯一で完全な神的存在の理論や、恍惚境ないし瞑想の神秘的階梯という点でインド的な思想とよく似ている。特にプロティノスにおける唯一者との神秘的一体化が引き合いに出されるが、まさにこの点について、明確な区別が必要である。新プラトン主義、特にプロティノスがヨーロッパ文化だけでなく近東の文化に与えた影響の大きさについては、ここで詳しく述べることもないであろう。キリスト教自体も、『偽ディオニシウス書』その他のルートを通じてこの影響を被り、初期ルネサンスの時代においても、『饗宴』に対するキケロの註解のような書から新鮮な刺激を受けた。エックハルト、ベーメ、ブレークのようなはるか後代の神秘家のなかにもなお、新プラトン主義的要素が根強く残っている。ただ新プラトン主義は仏教者が健全と見なす瞑想の形態を超えて広がっていき、識別を犠牲にして、多少とも神秘的な一体感を克ち得るのである。

今日では、非常に多くの人々が瞑想家をすべて単なる厄介者と見なしており、ジョン・ミルトンのように〝放浪の美徳〟をたたえることはない。だがその一方では、過去において、また現在でもなお、一部の人々は、修道士のように世間から退いて瞑想に専念することを、偉大な普遍宗教である仏教とキリスト教のいずれもが大いに賛美する目標に向かって、強固な決意をもって立ち向かうことであると考えている。

人々が、黙想から得られる智慧についての正しい認識を多少なりとももっていなければ、はたして宗教が有用でありうるかどうか。ラーダークリシュナンは次のようにいう。「孤独な魂は宗教の源泉である。モーセは人里離れたシナイ山に登り、ブッダは菩提樹の下で思索に耽り、イエスはヨルダン川のほとりで静かに祈りを捧げた。パウロは砂漠で孤独の日々を過ごし、マホメットはメッカの寂しい山中にこもり、アッシジのフランチェスコはアルヴェルナ山の人跡まれな険しい岩山で祈りを捧げ、こうして彼らは神の実在を強く確信した。宗教において偉大で新しく、また創造的なすべては、静かに祈りを捧げたり、孤独の瞑想に耽る魂の無窮の深みから生まれるのである」(『東洋の宗教と西洋思想』)。

いわゆる僧院的で内省的傾向の強い修練は、純粋に自分自身の個人的な救いだけをめざしていて、他の人々のことを考えていない、という非難に対して、現代のスリランカの僧は答える。「そうはいっても、まず自分自身の生命を大切に思わなくて、どうして他の人々を救おうなどと考えられるだろうか」と。

シェークスピアの一節を引用すれば、

己自身に真実であれ
さすれば、昼がきて夜がくるごとく
おのずと汝に偽り事なし

三、仏教と社会

仏教の三帰依文の一つとして、ブッダ自身とブッダの教えとに続いて、教団が挙げられていることは、重要である。

私はブッダ(仏)に帰依します
私はダルマ(法)に帰依します
私はサンガ(僧)に帰依します

これは仏教信仰への最も身近なアプローチを示すものである。これからわかるように、仏教の僧たちは〝自分自身の救いを完成させる〟だけでなく、それ以上の何ものかを期待されているのである。彼らはみずから模範を垂れたり、教えを述べたりすることによって、ブッダとブッダの教えとを伝える生き証人としての資格を保ち、それによって、みずからの利益《りやく》のみならず在家の利益をも図ることができるのである。

仏教の歴史のある時期において、大乗仏教のある論師たちは、部派仏教の徒をこの点が不十分であるとして批判した事実がある。それによると、部派仏教徒はあまりに僧院生活に引きこもりすぎたために、慈悲深いブッダの円満な教えを後退させ、ブッダが説いた道を僧の専有物のようにしてしまったというのである。「保守的な仏教の経典と戒律とを遵奉する人々（声聞）および世俗を離れて己のみの悟りを求める人々（縁覚）は衆生を救う能力と衆生への関心とに欠けているといわれる。つまり、彼らはみな、生きとし生けるものを苦から救うという点で適性をもっていないのである」（『摂大乗論』）。

保守的な仏教の経典には、在家でも涅槃が得られるとする個所があるが、そこには次のことが付け加えてある。すなわち、もし彼がそれほどまでに道に通暁しているのであれば、直ちに出家して教団に入るか、死を遂げるかするに違いないというのである。またある章句には、在家は前世において出家の生活を送った場合にのみ現世で涅槃が得られるとある。上座部その他大部分の保守的な仏教の学派では、在家は天界への再生を望むことはできても、涅槃を得ることはほとんど望めないとする。

現世の生活に関して、仏教とキリスト教とで類似の教えのあることが認められる。

人は他人の欠点を挙げつらうべきではない。「他人の過失は見やすいが、自分の過失は見難い。人は他人の過失を籾殻《もみがら》のように吹き散らすが、自分の過失は隠してしまう。狡猾な賭博師が不利な骰《さい》の目を隠してしまうように」(『ダンマパダ』)。イエスはいう。「どうしてあなたは兄弟の目にある塵を見ながら、自分の目にある梁《はり》に気が付かないのか」(『マタイの福音書』)。

人間関係について、原始仏教では特に、㈠親と子、㈡師と弟子、㈢夫と妻、㈣友人同士、㈤主人と僕、㈥在家と出家、の間における義務が体系的に強調された。これら相互の義務は儒教の五倫を思わせる。そのなかの三つ、つまり親子・夫婦・友人の関係は仏教の場合と同じである。

勤勉の徳は大いに力説された。

寒さをも暑さをも、さらに草ほどにも思わないで、
人としての義務を果たす者は、幸福を逸することがない。(『シンガーラへの教え』)

勤勉と節約によって、人は富を蓄えるべきである(成功の哲学!)。

蜂が蜜を集めるように働くならば、
財はおのずと蓄えられる。
あたかも蟻塚が高くなるようなものである。
このように財を集めて、

彼は家族をよく養う。
その財を四分すべし。
そして彼は朋友を結束する。
四分の一の財をみずから享受し、
四分の二の財をもって仕事を営み、
そして残りの四分の一を蓄積すべし。
困ったときの備えになるだろう。(同書)

「もしもある人が適当な場所に住んで高潔な人に親しみ仕え、正しい気持ちを保って善をなせば、穀物・財宝・栄誉・名声・幸福はおのずと彼の下に集まる」(『アングッタラ・ニカーヤ』)

財産は法にかなった方法で蓄えられるべきである。「不法な手段で生きることと、合法な手段で行動して死ぬことでは、後者のほうが前者よりも優れている」(『テーリー・ガーター』)。取引に当たっても〝不正な貨幣、不正な度量衡、不正な手段〟を排斥している。〝法に違わず〟というのが仏教徒の理想であった。孔子も、正直な行為を行なうよう厳しく戒めている。「不義にして富み且つ貴きは、我において浮雲のごとし」(『論語』)。

このように仏教は、僧および尼僧が金銭に触れること、すなわち商業活動に従事することを厳しく禁止したが、その一方で在家が財産を蓄えることを決してとがめなかった。むしろ逆に奨励したほどであり、中世における西洋のように投資した資本に利子を付けることも禁じられなかった。こうして、原始仏教は当時の新興商人たちの宗教となり得たのである。

さらに仏教は、そのような商業活動に功徳を認めた。「身体と言葉と心により法にかなった行ないをする人々は、この世で称賛され、死後には天界で幸せな生活を楽しむであろう」(『サンユッタ・ニカーヤ』)。

在家は五つの戒めに従うことが要求された。
一、生きものを殺さない。
二、与えられないものを取らない。
三、合法的でない性関係を結ばない。
四、嘘をつかない。
五、アルコール飲料をとらない。
(インドの密教や日本の仏教では、五番目の戒めはしばしば最小限に守ればよいとされた。日本の僧侶は酒のことを〝智慧の水(般若湯)〟と呼ぶ)。これらの戒めは多かれ少なかれモーセの十戒に含まれていて、キリスト教徒によっても実践されたが、そこには重要な相違があるのである。例えば、西洋では〝あなたの隣人に虚偽の証言をしてはいけない〟という戒めは法律問題に関して特に重要であったが、東洋の国々では、同じ禁止条項が法律問題とほとんど関係をもたなかった。この相違は今日でも非常に重要である。

原始仏教徒たちは半月の第八日、第一四日、第一五日に斎戒(ウポーサタ)を行ない、先の五戒にさらに三つの戒めを加えた八斎戒を実践した。追加される三つの戒めとは、夜に時ならぬ食事をしない、花環を付けず芳香も用いない、地上に敷いた床にのみ臥す、である。

国家の問題に関して、原始仏教徒たちは社会契約説を思わせるような独特の政治的見解をもっていた。それによると、統治権は神々が王に授けたのではなく、人々が選挙を行なって王に与えたのである。

ある伝説によると、太古において人々は蓄積した米を食べ始めた。彼らは水田を区切り、その周りに境界を設けた。そのとき貪欲な男がいて、自分の区画を守り、さらに他人の区画を奪って使用した。人々は彼を捕まえていった。「じつに汝は悪事を行なった。汝は自分の区画を守りながら他人の区画まで奪って使用した。再びこのようなことのないようにせよ」。「わかりました」と彼は答えた。しかし彼は再び同じ悪事を繰り返し、三度目も同様であった。人々は彼を捕まえ、ある者は手で、ある者は土塊で、またある者は杖で打ちすえた。このようなことを端緒として、盗み・咎《とが》め・嘘・罰が現れてきたのである。さてそこで人々は集まり、嘆いていった。「盗み・咎め・嘘・罰が現れるほどに、われわれに悪事が広がりつつある。今やわれわれはある人物を選び、彼に怒るべきときには怒り、非難すべきときには非難し、追放すべき者は追放してもらおう。そして、その人にはお礼としてわれわれの米の一部分を与えようではないか」。人々は衆人のなかで端麗で最も好感がもて、しかも最も魅力的で才能も備えている人物のところに行き、彼にいった。「どうか、あなたは、私たちの王となって、追放するに値する者には公憤を抱いて下さい。

そうすれば、私たちはあなたに米の一部分を差し上げましょう」と。彼はそれに同意してそのように計らい、人々は彼に米の一部分を与えた。そこで、そのような王にはマハーサンマタという決まった名称が与えられた。マハーサンマタとは〃全人民によって選ばれた〃という意味である。以上のことから推察すると、仏教徒たちは、王は元来、全人民によって選ばれた者と考えていたようである。

そこで、王権は神々によって授けられたものではなく、神聖なものとは見なされなかった。ブッダが理想とした政治形態は共和制であった。当時のインドには貴族階級が統治する小さな共和国が幾つかあり、そのなかの一つでブッダ臨終の地となったクシナーラーの人々は、集会所に集まって公事を討議することをつねとしていた。

人民によって王に主権が委任されるという共和制の統治形態をブッダは称賛したといわれている。

しかし、インドでは一般的に共和制の統治形態にはならず、むしろ君主制が優勢で、国王は非常に強力であった。彼らのなかには非常に独裁的で暴虐な者もいた。仏教徒は国王を多くの災害のなかの一つに数え挙げ、火事・地震・雷・洪水・盗賊の次に置いた。

当時の国王は災害の一つといわれるほど、きわめて独裁的であったに違いないが、仏教徒は王との争いをすべて避けようと努めた。そして、彼らは王に反論する必要を感じなかった。「国王は毒蛇のようなものである。彼らを怒らせないようにせよ。彼らと親しくしないほうがよい」。

ブッダの教えはこのような類であり、仏教の態度はむしろ非政治的であった。ブッダは教団の人たちが政治活動に参画しないように勧めたばかりでなく、さらに進んで、政治に関する議論さえも禁止した。ブッダはキリストと同様に、神のものとシーザーのものとを区別したのである。

しかし、現実の独裁政治を無視して仏教の理想社会を建設することは、実際上、不可能であった。それゆえ次第に仏教徒たちも、政治問題の解決策を王に助言するようになった。この種の教えがさまざまな形式で経典のなかに残されている。

顧問のバラモンが王にいった。「王よ、国土はきわめて由々しい状態にあります。町や村には強盗が横行し、治安を乱しています。そのような国土から税を徴収すれば、まことに悪徳の王となりましょう。おそらく王は、それならば、降職したり、追放したり、罰金を科したり、監禁したり、死刑に処したりすることによって、ならず者の仕業を直ちに一掃しよう、と思われるかもしれませんが、それでは彼らの放埒な所行は完全には終結しないでしょう。罰を免れた者が国土を荒らし続けるだろうからです。この無秩序な状態を終結させるには一つの方法があります。それは、王の国土で農業牧畜に励む者には食物と種子を与え、商業に励む者には賃金と食物を与えることです。そうすれば、自分たちの仕事に精を出し、もはや国土を乱すことはなくなるでしょう。そして王の収入は増大し、国土は静かで平和となり、人民は喜びにあふれて、子供をあやしながら家の戸を閉ざすことなく暮らすでしょう」(『ディーガ・ニカーヤ』)。王が顧問の忠告を受け入れてそのとおりに実行したところ、人々は仕事に精を出し、もはや国土を乱すことはなかった。そして、王の収入は増大し、国土は静かで平和となり、人民は喜びにあふれて、子供をあやしながら家の戸を閉ざすことなく暮らすようになった。

こうしてついに、普遍的君主の理想像（転輪聖王）が仏教徒・ジャイナ教徒・ヒンドゥー教徒のなかに芽ばえてきた。彼は有徳な人格と慈悲深い統治とにより、全世界の人々を支配するといわれる。転輪聖王はマウリア王朝に実在した君主が神話化されたものであるとしばしば説明されてきたが、ある学者の説によると、太陽神に対する古代人の賛美に由来するに違いないという。このような転輪聖王への憧憬はユダヤ人の間の救世主への憧憬と類似している。じつに原始仏教徒にとっての転輪聖王とブッダとは、原始キリスト教徒にとっての救世主とロゴスとであった。そして両方のいずれの場合にも、二つの観念が互いに交錯し、相互に補い合っている。ユダヤ人が抱いた救世主の理想が原始キリスト教徒の精神に影響を与えたのと同様に、原始仏教徒は転輪聖王の理想をゴータマに当てはめた。しかし仏教が理想とした君主の神格的かつ太陽崇拝的な要素は、のちのキリスト教以前のユダヤ人が理想とした救世主とは異なるのである。

今日、仏教界では、仏教の〝社会的福音〟と呼ばれうるものは何か、そして現代社会の要求および発展に仏教がどのようにかかわりうるのか、という問題について新しい考え方が現れてきている。ビルマの学者ティッティラ師などは、縁起の教説と並んで仏教における慈悲の徳がそうした問題に答えていくうえでの前提になろうと指摘している一人である。

慈悲ないし愛はサンスクリット語ではマイトリー、パーリ語ではメッターといわれるが、いずれもミトラ（友人）という語から派生した言葉である。だからどちらも文字どおりには〝真実の友人らしさ〟を意味する。もし慈悲の徳を自分自身のなかに育もうとする気持ちがあれば、みずからを損なうことはもちろん、他人を害することもなくなるであろう。このようにして、自分に属すると見なしている領域を広げることにより、利己的な感情や利己的な愛を減少させていくのである。すべての人の自己を自分自身の人格のなかに溶け込ませることによって、自己と他人とを隔てていた障壁が取り払われるのである。

原始仏教徒は、理想的な愛の形態は特に母性愛に認められると考えた。

あたかも、母が己が独り子を身命を賭しても護るように、そのように一切の生きとし生けるものどもに対しても、無量の（慈しみの）心を起こすべし。

また全世界に対して無量の慈しみの意を起こすべし。上に下にまた横に、障礙なく怨恨なく敵意なき慈しみを行なうべし。

立ちつつも歩みつつも座しつつも臥しつつも、眠らないでいるかぎりは、この慈しみの心遣いをしっかりともて。この世では、この状態を崇高な境地と呼ぶ。（『スッタニパータ』）

敵でさえ愛されるべきなのである。仏弟子サーリプッタは次のようにいった。

それゆえに、己が敵に対しても慈しみを起こすべし。

慈しみの心をもって遍満すべし。

これはもろもろの悟った人の教えである。（『ミリンダ王の問い』）

人は彼らを赦すべきなのである。

「修行僧が財に富むとはどういうことであるか。ここに修行僧がいて、慈とともなる心をもって一つの方角に遍満していて、また第二の方角、第三の方角、第四の方角に遍満している。このように上・下・横、遍く一切の処、一切の世界に広大・広博・無量にして怨みなく害することのない慈とともなる心をもって遍満している。悲とともなる心をもって……喜とともなる心をもって……捨とともなる心をもって遍満している。これが修行僧が財に富むということである」（『ディーガ・ニカーヤ』）

この一節は、この文脈に沿って行なわれる一定の瞑想修行のようなものを示している。

山上の垂訓には次のようにある。「隣人を愛し、敵を憎めとはあなたたちの聞いているところである。しかし、私はあなたたちにいう。敵を愛し、迫害する者のために祈りなさい。そうして天にいるあなたたちの父の子となるためである」。

言葉遣いは似ていても、その観念ないしアプローチの方法は全く異なっている。仏教徒は異なる自己の間に存在する障害を取り去って、愛を実現しようとした。この仏教哲学の利他主義の根本は次のとおりである。われわれの〝自我〟を構成している諸要素（諸法）について観察すると、自分自身と同じく他の人々も、非人格的で利那的な諸要素の集まりにすぎないと理解される。つまり各個人を、五つの構成要素の集まりに名前を付けたものと考えるわけである。とはいえ、もしも世界にはつねに変化している構成要素の集まり以外何もないというのであれば、親愛とか慈悲を向ける対象が何もなくなってしまう。しかしながら、この観察ないし説明の仕方は、われわれの存在の奥深くに根ざす利己心を除くためであり、他人に対する慈悲ないし愛を育むことが目的なのである。人間存在を構成要素に分解することによって、われわれは自我の観念を除去することができ、またそれを深く観察することによって実践的な意味で自己を際限なく広げられるようになるのである。なぜならば、自分自身と他の生きとし生けるものとをますます同一視することができるようになるからである。全世界と各個人とは、緊密かつ強固に結び付けられている。一大家族ともいうべき全人類は互いに密接につながっているのであるから、個人の成長と発展とは他の人たちに依存していることになる。われわれの内なる善性を発揮させることによって、各個人個人がわれわれを包含し生存を可能ならしめている大宇宙との調和を図るように生涯をかけて努力すべきである。

功徳の得られるどのような行為も、障りのない慈しみに比べると一六分の一の価値もない。慈しみはそれらの行為に卓絶して光り輝くからである。あたかもきらめく星屑が月光の一六分の一の価値もないように。(『イティヴッタカ』)

愛ないし慈しみは最高の徳目と呼ばれうるであろう。

黄金律は「人にされたいと欲するように行なえ」という格言に表現されている。聖書も「人々にして欲しいと望むことを、人々に対して行ないなさい」(『ルカの福音書』)と教えている。仏教徒はいう。「すべてのものは暴力におびえ、すべてのものは死を恐れる。己が身に引き比べて、殺してはならぬ。殺さしめてはならぬ。すべてのものは暴力におびえ、すべてのものは生を愛する。己が身に引き比べて、殺してはならぬ。殺さしめてはならぬ」(『ダンマパダ』)。

「生きとし生けるものは幸福を求めている。もしも同じように幸福を求めている生きものを害しないならば、死後には幸福が得られる」(同書)。

普遍的な黄金律の理想は他の宗教体系にも実際に見受けられる。例えばヒンドゥー教の叙事詩『マハーバーラタ』には仏教の教えが焼き直されて説かれているし、老子は、自分たちにとって善い人々に対しても、また善くない人々に対しても、同じように善をなすように教え、孔子は「己の欲せざるところは、人に施すことなかれ」(『論語』)と説いた。この規律はその文句で明らかなように消極的な形で述べられているが、消極的な表現の仕方が必ずしも消極的な観念を意味しているとはかぎらず、中国人はつねにそれらの言葉を積極的な意味に理解してきた。儒教の仁の理想は仏教の慈悲と類似している。またキリスト教の愛は、『十二父祖の遺書』のなかで、ユダヤ人によっても強調された。キリストはいった。「私の兄弟であるこれらの最も小さい者の一人に対してあなたたちがしたのは、すなわち私に対してしたのである」(『マタイの福音書』)。

仏教の修行では、慈は他の心情と一緒になって初めて完成されるといわれる。すなわち、慈・悲・喜・捨の四梵住である。これらのおのおのを慎重に実践するようにとしばしば説かれている。初めは一つの対象について念ずるのであるが、徐々に対象を増やしていき、最後には全世界がその心情で満たされるまでにならなければならないのである。

愛の精神はわれわれの生活の各面にわたって発揮されるべきである。

彼は生きものを殺さない。つまり殺生を断っている。鞭と剣を捨て、慎み深く、慈悲心に富み、生命あるものすべてに哀れみを寄せて生活する。(『ディーガ・ニカーヤ』)

人は言葉によっても他人を害すべきではない。「われわれの心は決して動揺しないであろう。またわれわれは決して悪語を吐かないであろう。優しく哀れみがあり、慈悲心をもち悪意なく暮らすであろう。そしてそのような人を慈しみの心によって満たし、それから全世界を広大無辺で無量な、怒りと悪意のない慈しみの心によって満たすだろう」(『マッジマ・ニカーヤ』)。

他者に恥辱を受けたり害を被ったときには、ただ耐えるべきである。

「彼は私を罵った。私を害し、私に打ち勝ち、私から強奪した」という思いを抱く人には、怨みはついにやむことがない。

この世においては怨みに報いるに怨みをもってしたならば、ついに怨みのやむことはない。

怒らないことによって怒りに打ち勝て。善いことによって悪いことに打ち勝て。

わかち合うことによってもの惜しみに打ち勝て。

真実によって虚言の人に打ち勝て。(『ダンマパダ』)

慈しみの徳を行なう人はあらゆるものにとっての友人である。

私は万人の友であり、万人の仲間である。

一切の生きとし生けるものを哀れみ、慈しみの心を修めて、つねに無傷害を楽しむ。(同書)

ブッダは価値ある教訓を残している。「世に非難されない者はいない。沈黙している者も非難され、多く語る者も非難され、少しく語る者も非難される」（同書）。聖書には、ブッダの言葉を裏づけるような類似の事柄が述べられている。「ヨハネがきて食べたり飲んだりしないと、彼には悪霊が取り付いているという。また、人の子がきて食べたり飲んだりしていると、見よ、彼は食を貪り、大酒を飲み、取税人や罪人の仲間であるという」（『マタイの福音書』）。この柔和で慈悲深い徳性は、ゴータマ自身の人生に裏打ちされている。パーリ聖典を読んでみると、ブッダが信者たちの心に与えた人格的影響の大きさを、改めて強く感じさせられる。彼の行動はすべてそのまま安らぎの道であった。事実、ブッダの性格に怒りなるものが入り込む余地はなく、彼の説法のなかでも何の役割も果たしていない。ブッダの本生物語は彼の偉大な慈悲と喜捨の徳を、しばしば大いに称賛するが、その描き方は空想的であっても、その趣旨は利他主義を称揚しているのである。仏教とキリスト教における愛の概念の相違は、今日でもなお重要である。一般的にいうと、西洋人は愛の概念を個人主義に基づかせるが、仏教やヒンドゥー教の影響下にある東洋人は、愛ないし慈悲を個人間の不二性の観念に基づかせる傾向にある。とはいえ、西洋思想の洗礼を受けたアジアの人々は、西洋的な愛の概念をもち、逆に東洋思想に影響を受けた西洋の知識人は、愛について東洋人のように語るのである。

われわれ人類は互いに助け合うことによってのみ生きていくことができる。したがって、両親や親族がわれわれにしてくれるよりもさらに優れたことを他者に対して行なうよう、つねに努めるべきである。ブッダ在世の折、病気の同朋が教団の仲間たちからおろそかにされたことがあった。ブッダは彼の身体を洗ってやるなど手ずから介抱し、ブッダに対してなら熱心に世話をするであろう不心得な僧たちにいった。「私の世話をしようとする者は病人の世話をせよ」。ブッダは慈悲の平等性を主張する。したがって、病人や貧しい者に対する奉仕は、じつにブッダ自身に与えられた奉仕そのものなのである。キリストも同じようなことをいった。「あなた方が、これらの私の兄弟たち、しかも最も小さい者たちの一人にしたのは、私にしたのです」(同書)。

人は互いに真実の友人であるべきである。

飲み友だちなる者がいて、
わが親友、と親しく呼び掛ける。
しかし、ことが生じたときに、
味方になってくれる人こそが友である。(『シンガーラへの教え』)

また、真実の友人とはどういう人か、が詳しく述べられている。

これらの四種類の友人は親友であると知るべきである。㈠助けてくれる友、㈡苦しいときも楽しいときも変わらない友、㈢ためを思って話してくれる友、㈣同情してくれる友、である。

〃助けてくれる友〃は次の四つの理由によって親友である。㈠庇護なきときに守ってくれる。㈡庇護なきときに財産を守ってくれる。㈢恐れおののいているときに頼りとなってくれる。㈣必要なときに、その二倍の財を給してくれる。

〃苦しいときも楽しいときも変わらない友〃は次の四つの理由によって親友である。㈠彼の秘密を私に打ち明けてくれる。㈡私の秘密を守ってくれる。㈢困っているときに見捨てない。㈣生命までも捨ててくれる。

〃ためを思って話してくれる友〃は次の四つの理由によって親友である。㈠悪を防いでくれる。㈡善に導いてくれる。㈢いまだ聞かなかったことを聞かせてくれる。㈣天に生まれる道を説いてくれる。

〃同情してくれる友〃は次の四つの理由によって親友である。㈠私の不幸を喜ばない。㈡私の繁栄を喜んでくれる。㈢私を非難する人を抑制してくれる。㈣私を褒める人を称賛してくれる。(同書)

布施の徳目は、仏教で特に強調された。「よく布施する者には功徳が増えるであろう」(『大パリニッバーナ経』)。ブッダは次のように語ったと記されている。「施者は衆に愛され、善称は広く流聞す。……命終《みょうじゅう》するも心常に歓ばん。悔なくまた怖れなし。……これすなわち花報《けほう》なり、その果は思議し難し。……食を施してただ力を得、衣を施して好色《こうじき》を得、もし精舎を建立せば、衆果具足して成ぜん」(『仏所行讃』)。パウロは長老たちに指示して次のようにいっている。「このように労苦して弱い者を助けなければならないこと、また主イエスご自身が『受けるよりも与えるほうが幸いである』といわれたみ言葉を思い出すべきことを、私は万事につけ、あなた方に示してきたのです」(『使徒行伝』)。

布施の行為は、土に種を播くことに喩えられる。「価値ある人々に捧げられた布施は、良い土地に播かれた良い種のようなものであり、果実をたくさん実らせる。しかし、いまだに激情に支配されている人々に対する供物は、悪い土地に播かれた種のようなものであり、供物を受ける人々の激情が功徳の成長を阻害する」。仏教教団の聖者は福田と呼ばれた。功徳の種を聖者らに植えること、すなわち聖者らに対する善行は、布施する者が将来に善い報いを受ける源となるからである。

カースト間のあらゆる差別を廃止すべきであると主張したブッダの時代から、仏教は人間の平等性を強調してきた。

ブッダはいった。「虫や蛇や魚や鳥や獣には種類を区別する特徴がある。これらの生類には生まれに基づく違いがあるが、人間の間ではこの区別は存在しない。人間の間で区別表示が説かれるのは、ただ名称によるのみである」「世に名とし姓として付せられているものは、通称にすぎない。その時々に応じて、仮に設けられて伝えられているのである」(『スッタニパータ』)。

カーストを肯定するバラモンに対する反論は小気味がいい。若きバラモン、アッサラーヤナはブッダにいった。「バラモンは次のようにいう。『バラモンこそが最高のカーストであり、他のカーストはすべて卑しい。バラモンは清白で他はすべて黒冥である。バラモンだけが清浄であり、他は清浄でない。バラモンだけが梵天の真正な子であり、梵天の口から生じ、梵天より出で、梵天から創られ、梵天の嗣子である』と。尊者ゴータマはこれについてどう考えるか」(『マッジマ・ニカーヤ』)。そこでブッダはアッサラーヤナに対し矢つぎ早に質問を浴びせる。「汝はどう思うか。アッサラーヤナよ、ある国王が種々のカーストの者一〇〇人を集めて次のように告げたとしよう。『武士貴族階級（クシャトリヤ）や神職階級（バラモン）に生まれた者は、サーラ樹やサラーラ樹や栴檀樹またはパドマカ樹といったものから良い鑽木《さんぼく》を取って火を起こし、炎を生ぜしめよ。また、賤民階級（チャンダーラ）すなわち漁猟やかごづくりや車匠、さらには屠殺を業とする家に生まれた者は、かいばおけや水槽またはエーランダ樹といったものから鑽木を取って火を起こし、炎を生ぜしめよ』。はたしてどうであろうか。前者の火は炎を伴い、明るく輝いて、火の用途にかなうが、後者の火は炎を伴わず、明るく輝かず、火の用途にかなわない、といえるであろうか」（同書）。もちろんアッサラーヤナは、二つの火に違いはない、といわざるを得なくなってしまった。そこでゴータマは、カーストもこれと同じであると結ぶのである。

どのカーストに属そうとも、現に、徳のある者もあれば徳のない者もあることをブッダは認めた。「クシャトリヤ、バラモン、ヴァイシュヤ、シュードラの四姓がある。クシャトリヤのなかにも殺生者がいる。偸盗者、婬乱者、欺妄者がいる。両舌・悪口・綺語をなす者、慳貪の者、邪見の者がいる。不善を行じて不善の報いがあり、黒冥を行じて黒冥の報いがある。このことはバラモン、ヴァイシュヤ、シュードラにもすべて同じである。

また、クシャトリヤにも不殺生の者がいる。不盗、不婬、不妄語、不両舌、不悪口、不綺語、不慳貪、不邪見の者がいる。善法を行ずれば善い報いがあり、清白を行じて清白の報いがある。このことはバラモン、ヴァイシュヤ、シュードラにもすべて同じである」（『ディーガ・ニカーヤ』）。

このように、カーストおよび世間における身分などの差別はすべて否定されたけれども、このことは、人々をその能力や才能に従って取り扱うことを妨げるものではなかった。こうした平等意識はブッダの時代から、ほとんどの仏教教団で守られてきたのである。

平等の理想はキリスト教においても強調された。キリストは彼を囲む人々を見渡して同じようにいった。「ここに私の母、私の兄弟がいる。神の意志を行なう者はだれでも私の兄弟、姉妹、母である」（『マルコの福音書』）。また聖パウロは「キリストの前では、主人も奴隷も平等である」と述べている。「信仰により、キリスト・イエスにおいてあなたたちはすべて神の子である。ユダヤ人もギリシャ人もなく、奴隷も自由人もなく、男も女もない。あなたたちはキリスト・イエスにおいて一つだからである」（『ガラテヤ人への手紙』）。

ブッダは悪人や身分の低い人々に教えを説くのを拒まなかった。彼は盗賊アングリマーラを改心させたし、遊女アンバパーリーに食事の席に招かれて説法もした。イエス・キリストにも同様の姿勢がみられる。イエスが罪人や取税人と食事をともにするのを見たパリサイ人の律法学者たちは弟子にいった。「なぜ彼は罪人や取税人と食事をともにするのか」と。イエスはこれを聞いて告げた。「健康な者には医者はいらない。病人こそが医者を必要とするのだ。私は義人を招くためではなく罪人を招くためにきたのである」（『マルコの福音書』）。「あなたたちにいっておく。取税人や売春婦はあなたたちよりも先に神の王国に入る。ヨハネがあなたたちのところへきて義の道を説いたとき、あなたたちは彼を信じなかったが、取税人や売春婦は彼を信じたからである。あなたたちはそれを見たのに、のちになっても悔い改めず、彼を信じなかった」(『マタイの福音書』)。

ブッダの教えは普遍的であった。彼は毅然として弟子たちに命じた。「あらゆる国に行ってこの教えを説け。貧しい者も卑しい者も、富める者も高貴な者もみな平等であり、すべての川が海に合流するように、すべてのカーストがこの教えに合一するのであると教えよ」(リス・デーヴィッツ『ブッダの対話』)。

「大海が塩味というただ一つの味をもつように、この教えと戒めは解脱というただ一つの味をもつ」(『ヴィナヤ』)。この理想は仏教教団の内で完全に実現され、異なるカースト出身の僧たちの間に何の差別もなかった。「これら四姓の何人《なにびと》であれ、僧となり阿羅漢となって諸悪の汚れを滅ぼした者は、自ら解脱し、四姓のなかの最上者と称せられる」。

さて、二つの普遍的宗教のいずれにも種々なる救済の道があり、それぞれの道に従う者の決意と努力が要求される。仏教では、僧たる者は一段と厳しい戒律を受持することが要求されるが、一定の基本的な戒律に従って生活するように要求される点では、出家も在家も変わりはない。

このような教法は、人々が実際に自己自身の救済を達成できるということを意味している。かくして仏教とキリスト教という二つの普遍宗教では、人間は信頼しうる存在であり能力のある存在であるとみられていることになる。このことが二つの宗教が人間の尊厳に強くアピールした一因なのであろう。しかし次章で述べるように、教えにはもう一方の側面がある。それはいうならば、他力の必要を感ずる人間の普遍的な意識に訴えかける一面である。

第六章　禅　仏　教

一、宗教の二つの類型

仏教とキリスト教の両方に、宗教思想および実践に関して二つの類型が認められる。一つは自己に頼ることを特徴とし（自力）、あと一つは恵み、すなわち他の力に頼ることを特徴とする（他力）。前者は自らの力によって自己を救う道であり、後者は他の力に頼って自己が救われる道である。いずれの宗教においても、われわれはこれら二つの類型がいずれも存していることを認めることができる。ある一つの宗教が一つの類型しかもっていないと考えるのは誤りである。

パウル・ティリヒは日本を訪れたのちに、次のように述べている。「類型を設定するということは、つねに疑わしい仕事である。類型とは特徴を見分けて理解するための論理的な理念であり、時間と空間との内には存在せず、実際にはどのような特殊な実例でも、類型の混合だけが見いだされるのである。しかし、類型論を疑問視せざるを得ない理由はこの事実だけではない。類型論的思考の空間的性格ということも考えなければならない。諸類型は並んで併存するものであり、相互には何の連絡もない。諸類型は静止的なものであり、もろもろの個物・運動・状況・人間（例えばわれわれ各人〕は、一定の類型に従属させようとする試みに抵抗する。しかも、類型は必ずしも全く静止的というわけではなく、どの類型にも自己を超えようとする緊張がある」(『キリスト教と世界宗教との出会い』)。

前章で述べたように、仏教はその教義および実践において、自己に頼ることを勧める典型的な宗教と考えられるであろう。このことは南方仏教(上座部)すなわち部派仏教の場合に特に明白である。前章までは主としてこの南方仏教を取り上げてきたのである。この仏教においては、「自分自身で解脱を実現せよ」というブッダの教えが非常に強調される。出家して僧院の戒律を守り、決然として瞑想を勤修して仏道を歩んでいる修行僧たちをみると、彼らは自己を依り所とする道すなわち自力の道を探求していることがわかるであろう。

キリスト教の伝統においてもまた、それに比べられうる教義や僧院における規律の実践が見受けられるが、キリスト教は、他力に依存することを強調する恩寵の宗教であると一般に見なされている。この恩寵の道はヒッポのアウグスティヌスによって強調された。それとは反対に、ペラギウスは人間の意志の力を強調し、どちらかというと自力の傾向の強い教えを説いていたが、結局アウグスティヌスの教えのほうが優勢になり、その後のキリスト教の思想および実践に深い影響を及ぼしたのであった。しかしそれにもかかわらず、ペラギウス的傾向は依然として残存していた。宗教改革のときに、マルティン・ルターらはカトリック教の教義および実践を批判して、それは神の恩寵に全く依存するというよりはむしろ、信仰の〝わざ〟に依存することになってしまっていると論難した。「信仰のみによって義《ただし》とされる」というキリスト教の宗教改革者たちの教えは、キリスト教を他力主義の範疇に入れてしまうものである。カトリック教がキリスト教の秘蹟に依拠することについても、同様にいうことができるであろう。

しかしキリスト教の実践および教義の多くの形態は、なおペラギウス的傾向を示している。宗教の二つの類型、すなわち自力に頼る類型と他力を強調する類型とは、ともに相並んでキリスト教の伝統のなかに明白に現れていて、両者の間には緊張関係が存するのである。

さらにまた、両類型はいわば混合した状態で存在している。キリスト教の若干の教会は、その教義および実践に関して半ペラギウス的であると見なされてきた。仏教、特に大乗仏教の形態についても全く同じことがいえることを指摘しておきたい。すなわち、大乗仏教とは、時代が下るにつれて新しい聖典を編纂し、仏教の信仰の意義を新しく解釈するようになった多くの学派について名づけられた形態である。そして、のちに述べるように、浄土系の諸派においては、キリスト教の恩寵の宗教に比すべき他力への依存を強調する類型の宗教を著しく発展させた。

しかし大乗仏教においては、南方仏教と全く同様に、仏道への精進を強調する教えとともに僧院の戒律を遵守する伝統も今なお保持されている。

このように、仏教においても、二つの類型の宗教が相並んで見いだされる。しかしまた、両者が混合しているといいうるような思想類型が存するのである。禅仏教がまさしくそれである。禅の修行は南方仏教における僧院の戒律の厳守と同様、それは自力的で、努力精進を要求するかのようにみえる。しかし道元禅師は新参の弟子たちに向かって、ただわが身をも心をも、はなちわすれて、仏の〝家〟になげいれて、〝仏のかたよりおこなはれて〟と説いている。これは他力への依存を思わせる勧めである。

二、仏教の神秘主義

神秘家はキリスト教の歴史では早くから現れて、いわゆる〝否定神学〟が成立した。それに対応して、われわれは〝空〟の理を説いた大乗仏教の神学家たちをみることができる。

大乗仏教は、もろもろの事象が相互依存において成立しているという理論によって空の観念を基礎づけた。空とは〝膨れ上がった〟という意味である。膨れ上がったものはなかがうつろ(空)である。われわれが今日数学においてゼロと呼んでいる小さな丸は、サンスクリットではシューニヤ(空)と呼ばれる。ゼロはもともとインドの発明によるが、紀元一一五〇年ごろ、アラビア人を通じて西洋に導入されたものである。大乗仏教、特に中観派の哲学者たちは以下のように主張した。実在するものは何もなく、あらゆる事物は仮象にすぎず、それは真に空虚である、すなわち、その本質を〝欠いて〟いるというのである。無も実在ではない。あらゆる事物は他のあらゆる事物に条件付けられて起こるとするのである。空とは無や断滅ではなく、肯定と否定、有と無、常住と断滅という二つの対極を離れてその中点に正しく位置するものである。したがって、空は万象の〝相依性〟を意味する。

『金剛般若経』には「一切の有為法は、夢・幻・泡・影の如く、露の如く、また、電《いなずま》の如し。まさに是の如き観を作すべし」と説かれている。

空の教説は虚無論ではなく、逆に、大乗仏教徒は、空こそ倫理的価値を成立させる真の基底であると主張した。空には何も存在しないが、あらゆるものがそこから出てくるのである。空はすべてを内に含み、それに対立するものは何もない。空が排斥したり対立したりするものは何もない。それは生きている空であり、あらゆるものがそこから出てくるのであるから、空を体得した人はだれであれ、生命と力とに満たされ、生きとし生けるものに対して慈悲を抱くにいたる。慈悲とは、あらゆるものを内に包むこと、すなわち空が道徳面に現れたものにほかならない。万象の成立する根本的な基礎が空であり、したがって、空を知ることは全能を意味する。空は水晶の玉に似ている。水晶は、それに映ずる相《すがた》によって初めてそのものが見える。水晶を花の前にかざすと、水晶のなかに花が現れ、水晶を虚空にかざすと、何もないように思われるが、それは虚空の空虚な相を反映しているにほかならない。その真性は未知のままである。水晶が種々の像を反映するように、多様な現象の相がおのずから空のなかに現れてくるのである。われわれが空を体得すると、善き行いがおのずから現れ出てくる。

同様のことがキリスト教の〝否定神学〟についてもいえる。ルドルフ・オットーはいう。「この〝否定神学〟は信仰や感情が消え失せて無に帰してしまうことを意味しているのではない。それとは反対に、その内には最も高貴な献身の精神が含まれている。クリソストム（三四七？－四〇七、コンスタンチノープルの大司教）が最も厳粛な告白と祈りとを成し遂げたのは、このような〝否定的な〟属性によるものである。彼はそれによってさらに、感情と体験は思索よりもはるか彼方に達しうることを示し、かつ形式において否定的な概念は、たとえ絶対に言葉で言い表し得ないものであっても、それでもなお、きわめて積極的な意味内容を表す象徴（われわれが〝ideo-gram〟と呼んだもの）となることがしばしばあることを示している。そしてクリソストムの例は、〝否定神学〟が純粋に宗教的な根源から、すなわちヌーメン的な経験から起こりうるし、また起こらねばならないことを同時に示してくれる」（『聖なるもの』）。アレオパゴスの裁判官ディオニシウス（紀元前四三〇？－三六七年、古代シシリー島のギリシャの都市シラキュースの支配者）の否定的な叙述、ベルナール（一八一三－七八、フランスの生理学者）の〝不知〟、ロイスブルーク（一二二〇？－九三、フランシスコ会の宣教師）の〝あらゆる愛人が自己を失うかすかな沈黙〟、エックハルト（一二六〇？－一三二七？、ドイツのドミニコ会修道士）やベーメ（一五七五－一六二四、ドイツの神秘思想家）の思想は、この範疇に含まれる。

古代中国でも同じような思想が『老子』にみられる。

道は常に無為にして、而も為さざるは無し。

中観派の哲学者たちは現象世界における変化を否定して、真理は言語では表現できないものであるという説を述べた。大乗仏教の偉大な哲学者ナーガールジュナ（龍樹）の『中論』の冒頭に、ブッダは縁起の道理を次のように説いたと述べている。「不滅にして不生、不断にして不常、不一にして不異、不来にして不去《ふこ》」と。ここに〝縁起〟という言葉は空と同義である。われわれは、何ものもわれわれの本質にいかなる変化も起こさせ得ず、またわれわれに悲しみや喜びのいわれを与えうるものでもないことを知るべきである。ナーガールジュナは変化そのものを否定したのである。

この見地に立てば、否定そのものが否定されなければならない。否定の否定が要求されるのである。ナーガールジュナはいう。「若し不空の法有らば、則ち応に空の法有るべし。実には不空の法無し。何ぞ空の法有ることを得ん」と。なお、否定の否定（二重否定）はエックハルトによっても表明された。

空の哲学は定まった教義をもたない。

若し我が宗にして有ならば、
我は則ち是れ過有るべし。
我が宗は物無きが故に、
是の如くんば過あるを得ず。（『廻諍論』）

アーリヤデーヴァ（聖提婆）はいった。

有と非有と倶《く》と非との、
諸宗は皆寂滅す。

中に於て難を興さんと欲するも、
畢竟して申《の》ぶること能わず。（『四百論』）

大乗仏教が、禅を含めて神秘的な瞑想を実践し得たのは、このような思想的背景があったからである。

三、禅の瞑想

このような思想は、人間を汚れたもの、罪あるものとするような非常に極端な見解とは反対に、人間の本性は本来、善であるという見解の表明である。

瞑想に必要な諸条件は、種々の高等宗教においてほぼ同様である。修行者は心を平静に保ち、感覚的享楽から遠ざかり、精神統一に専念する。彼らは静寂の内に身をゆだねるのである。ただ実践の方法は宗教ごとに異なっている。西洋では、瞑想とは、敬虔な心をもって集中的に緊張して神や宗教的な問題ないし理想を観想することである。ウパニシャッドに説くもろもろの念想および初期ヴェーダーンタ学派においても同様の性格が示されている。彼らは象徴を瞑想したのである。瞑想における象徴を意味するインドの原語 pratika は元来 prati-√añc という語から作られたものであり、われわれに〝対して向けられた〟側面を意味する。であるから他の点では見えない対象の見える側面をいうのである。こういう意味においてヴェーダーンタの哲学者たちは、しばしばブラフマンのもろもろの象徴（pratikāni）を説くのである。彼らは、象徴とは、絶対者ブラフマンを、感官で知覚しうる何らかの形ではっきりと表象することであると理解していた。例えば、名称、言葉、意（マナス）、虚空（アーカーシャ）、太陽、消化作用を行なう火、神聖な音であるオーム、というような象徴でブラフマンを表象するのである。それらは念想のためにブラフマンと見なされ、もろもろの神像がそれらの表す神々と関連するように、ブラフマンと関連づけられた。象徴というと、古代西洋の学者たちは、見えない事物や状況の可視的な記号と考えていた。シンボル（象徴）という言葉自体は、客人や使者が自分の身分証明としてもってきた輪環の破片を他の半分と合わせてみる（symballein）ということに由来する。それはこの可視的な印の再認識の成立するもとである相互理解（symballein）に基づいていたのである。インドにおける象徴とギリシャにおける象徴との間の類似は、アラビア人の学者アルベールーニーがすでに指摘し、また論議していたことであった。

インドにおける瞑想の主要な流れはヨーガである。ヨーガという語が哲学的に用いられる場合には二つの意味がある。㈠観想。特に観想の実修が特殊な技術にまで高められたもの。㈡観想の実践に哲学的な基礎を与えた特別の思想体系。インドにおける意識や精神機能のより高い状態を達成するための瞑想の実修は、仏教の実践に非常な影響を及ぼし、現代の西洋の思想家たちにさえも影響を与えているが、哲学体系としてのヨーガは後代になって興ったものである。この学派の根本教典である『ヨーガ・スートラ』は、パタンジャリという名の哲学者によって紀元四五〇年よりものちに作成されたと考えられている。『ヨーガ・スートラ』においては、究極の目標は〝心作用の止滅〟と規定され、最高の神を瞑想することは、その状態に到達するための準備段階にすぎないのである。この哲学体系における心理学的な反省は、われわれ近代人にも有効な示唆を与えてくれる。ヨーガの究極の境地は仏教でいう滅尽定とかなり似ているが、これなどもインドで広く行なわれているヨーガを仏教がその体系のなかに採用した一つの実例を示している。仏教はそのほかにも多種の瞑想を発展させた。

禅が宗教を高めるのに貢献した独自の役割は、真理に到達しそれを提示する独自の仕方である。禅の高僧たちは種々さまざまな方法手段を用いた。

臨済宗においては、修行者は〝公案〟と称する、逆説的で非論理的な問題に向かって心を統一しなければならなかった。公案は実質的には〝問答〟に基づいており、禅の古典のかなりの部分は問答から成っている。問答とは師弟の間の短い対話であり、概念や観念を媒介とせずに、真理すなわちこの今の実在を指し示すという特別の教化法である。

僧、洞山に問う。「寒暑到来すれば、如何が廻避せん」。山云く、「何ぞ寒暑無き処に向い去らずや」。僧云く、「如何が是れ寒暑なき処ぞ」。山云く、「寒時には闍黎《じゃり》を寒殺し、暑時には闍黎を熱殺す」(『碧巌録』)。

公案のなかには論理的に全く意味をなさないものがある。返答が問いに対する答えになっていないのである。

僧、洞山に問う。「如何なるか是れ仏」。山云く、「麻三斤《まさんぎん》」（『無門関』）。禅は時には人間の抱いている概念を非常な激しさで攻撃し、打ち砕く。このように、禅のやり方はしばしば精神的な急襲の趣がある。逆説が用いられるのは、純粋な経験を通常の形式論理の形で表現することが難しいからである。

南泉、因みに趙州に問う。「如何なるか是れ道」。泉云く、「平常心是れ道」。州云く、「還《ま》た趣向すべきや否や」。泉云く、「向わんとすれば即ち乖《そむ》く」（同書）。

もっと体系化された言葉に次のものがある。

体は虚空の若《ごと》く涯岸なし
当処を離れずして常に湛然たり
覓《もと》むれば即ち知る、君が見るべからざるを
取り得ず、捨て得ず
不可得中に只麽《しも》に得たり
黙時に説き、説時に黙す
大施門開いて壅塞《ようそく》なし（『証道歌』）

師家にとって、われわれの最も深い経験を表現する最上の方法は対立を超越する逆説を用いることである。例えば、「無なるところに一切あり」「大死もて大生を得」「深淵に堕ちて死後に再生す」「長時に離るるも離るることなく、一日会いて一刻も会わず」「修練を捨てれば手中に本覚を見、本覚を捨てれば修練は身体を満たす」（増永霊鳳『仏陀の道』）。このような逆説は対象論理を行き詰まらせて、次にそこから生き生きと転換する道を掘り起こすことが可能になるのである。

しばしば公案は相互に矛盾するようにみえる。「如何なるか是れ仏」という問いに、馬祖は「即心是仏」と答えたが、別のときには、「非心非仏」と答えている。しかし、どちらの答えもわれわれを悟りの岸へと運ぶ渡し舟にほかならない。

しかしながら、若干の公案は論理的な表現に翻訳することも可能である。「父母《ぶも》未生以前の汝の本性は何ぞや」という有名な公案があるが、それは「時間と空間とを超えたところで、実在は何であるか」というように述べることができる。

公案に頼る禅の方法は、中世インドにおけるタントラ教の影響を受けたサハジャ派の指導法と比べられうるであろう。彼らはなぞのような表現をもって教えを説いたが、それは一方では教義の秘密を守るためであり、他方では具象的な想像によって抽象化を避けたのである。

曹洞禅の伝統では、道元が問われて次のように答えている。「なにをもてかひとへに坐禅をすすむるや」「これ仏法の正門なるをもてなり」。また、「坐禅はすなはち安楽の法門なり」ともいう。曹洞禅は臨済禅よりもさらに一歩を進め、公案をも捨ててしまった。修行者は何ものかに向かって心を集中しようとしてはならない。道元は「坐禅中にもし心が散になっても、それを抑えようとしてはいけない。あるがままに任せよ」（『正法眼蔵』）といった。彼は禅宗という呼称を嫌った。彼は自分は仏教の正しい道を伝えるのだと宣言した。もしも人が〝禅宗〟という語で〝道〟を限定するならば、それはじつは道を失うことになるのである。曹洞禅では、黙って坐り、そうして沈黙して坐っている間に得た洞察について瞑想することを強調する。

日本に滞在したルース・ササキ夫人の評によると、今日の日本における僧堂は、カトリックあるいは西洋的な意味での修道院と違っている。それは主として「学生たちがやってきて、師家の指導の下に禅を研究し、実践する神学校」といった趣があるという。二年か三年ののちにこれらの修道僧の内の大部分は僧として叙任され、各自の寺院へと戻っていく。そして、その内でも特に真摯な若干の僧たちが、さらに幾年もそこにとどまって禅の修行を完成させるのである。

中国では、少なくとも古い時代には、禅の修行者はしばらくの間、だいたいは数年、一人の師匠の下にとどまって、それから他の師匠の下に行き、さらにまた別の師匠へと赴くことが自由にできた。修行僧は、最後にその下で悟りを開いた師匠の弟子、後継者と考えられたようである。このような自由は今日、日本の禅宗にはない。一人の修行僧がひとたびある禅僧の弟子として受け入れられると、師弟関係は終生存続し、どちらかが死ぬか、異常な事態が起こるのでなければ、その関係が消滅することはないのである。

西洋の中世には数多くの神秘家が現れて、絶対者の直観的認識を説いた。インド・中国などの仏教徒および中国の宋・明時代の新儒学者たちの間にも神秘家が出て、同様に直観的認識によるべきことを説いた。これは簡単に論ずるにはあまりに大きな主題であり、ここでは禅仏教における直観的認識の問題を一例として考えてみよう。禅の有名なモットーは〝直指人心〟ということであり、われわれは生まれながらにして仏心をもっているが、それを現実に体験する必要があるということを強調する。すなわち、師匠は仏性、あるいは実在そのものを指し示すだけである。悟りは〝時間のない瞬間〟に、すなわち時間を超越した永遠の領域において起こるのである。それは絶対者そのものの行動であり、われわれ自身のなすことではない。人は悟りに当たっては、何もできないのである。解脱を得ようとして苦行や瞑想に頼ることは、瓦を磨いて鏡にしようとするようなものであるという。

同じく禅のモットーとして、〝見性成仏〟が説かれる。すなわち、仏性を見るということは仏に成ることと同じであり、汝は仏であるということを意味しているのである。

ただこの直観はほしいままに得られるのではない。仏法は心から心へ、人から人へと伝えられなければならない。禅のモットーの〝教外別伝〟は、経典に基づく教義の体系に依存するのではなく、真の仏法は他の方法によって伝えられることをいおうとするものである。それゆえに禅の目標を達成するためには、行学の一致した真の師匠から指導を受けることをまず始めなければならない。禅の修行者たちは、師匠の指導の下に(以心伝心)、われわれが本来仏性をもっていることを深く信じ、坐禅を実践すると、仏や祖師たちがわれわれ自身のなかに現れてくると考える。そのためには経典の言句よりは、生きた体験を重んじなければならない。

禅では、シャーキャムニ(釈尊)の大弟子であったマハーカーシャパ(大迦葉)から教えが伝えられたという特別な系譜を主張する。すなわち釈尊が教えを伝えんとしたとき、会衆はただ茫然と立ちつくすのみであったが、大迦葉だけは師の趣意を諒解して微笑した。釈尊は告げた。「吾に正法眼蔵・涅槃妙心・実相無相・微妙法門・不立文字・教外別伝あり。摩訶迦葉に付嘱す」（『無門関』）と。伝承によると、この法門は大迦葉から幾多の祖師を経てボーディダルマ（菩提達磨）へと伝わり、彼が中国へ紹介し、そこでさらに師から師へと受け継がれていった。この法門は決して文字で表しうるものではないのである。禅においては、大衆を教化する方便として経典を用いることはあっても、それに依拠しないのである。

この点で、われわれは中世インドのタントラの宗教との類似性を感じる。インドの神秘主義であるタントラの教えは、世界の根本の神であるシヴァが、その妃（ドゥルガーまたはカーリー）に語った秘密の教えおよび儀式にほかならないと主張されている。

直観的認識というものは、そもそも普遍的であるべきなのに、種々異なった伝統において、いずれも特別の系譜においてのみ伝えられることになったのは、皮肉な運命といえよう。

他方、西洋の神秘家は自分たちだけの聖典を編集することはなかったが、教会の正統思想からは逸脱する傾きがあった。例えばエックハルトはトマス（アクィナス。一二二五？－七四、イタリアのカトリック教会の神学者でスコラ哲学者）の思想を継承したが、師よりも進んだ境地に達した。彼はみずからの敬虔な心に由来する深く強い感情を知識に組み替える努力を倦まずに続け、ついに内心の本性に促されて、教会の教義を永遠なるもののこの世における象徴にすぎないと見なしたのであった。

瞑想を集中的に実践すれば、超自然力を体得することができる、としばしば考えられていた。超自然的な境界ないし超自然力を、インドの神秘家は神通という言葉で表現した。後代の新プラトン主義者アバンモン（約三〇〇年ごろ）は、神聖な熱意に満ちた人は奇跡的な力を得ることができると主張した。

しかし知性の進んだ多くの人は、そのような神秘力を得ることよりもむしろ解脱を達成することに重きを置いた。〝解脱〟をもって〝苦からの解放〟であるとインドの神秘家たちは考えていた。その解脱は実在の認識に基づいて起こるとされた。プロティノスの説いた恍惚ないし神との合一は、ヨーガ学派の説く観照ないし観照智に対応する。それは「直接的にして普遍的な真理の認識であり、方法としては禁欲的なヨーガの修練を重ねたのちに、突如としてわれわれに現れるものである」。

禅宗では、百丈禅師が弟子たちに、「何ものにも執著せず、何ものをも求めない」ことを教えたが、これこそ弟子たちの心に刻みつけるべき根本的な教えであった。〝無字の公案〟はのちに非常に重要なものと考えられた。「善と不善と世・出世間の一切の諸法は記憶すること莫《な》く、縁念すること莫かれ。身心を放捨し、其れをして自在ならしめよ。心は木石の如く弁別する所無く、心に所行無し」（『景徳伝灯録』）。

また悟りはしばしば灯明に喩えられた。無門禅師が悟得の境地を〝法燭一点〟と喩えたように、エックハルトも人間の霊魂の最も内的な本質を〝輝き〟と名づけた。ただエックハルトの〝無〟は何かしら形而上学的な原理と考えられているような印象を与えるが、禅宗の〝無〟にはそのような余地を残していない。エックハルトは〝自然の光〟が道徳的な原則を知らせるものであることを認めていた。

禅仏教において悟りを開くということは、浅はかな小さな自我の束縛を破ることを意味する。禅師たちはそれを喩えて、〝漆塗《しっと》の器を壊す〟とか〝身心の脱落〟とかという。エックハルトもまた同様なことをいっている。――もしも霊魂が神を認識しようと欲するならば、それは神であってはならない。霊魂はそれみずから霊魂たることをやめねばならない。霊魂はただ単に罪悪と世俗とを捨て去るだけでなく、それ自身をも捨て去らなければならないのである。霊魂は、現象について有するすべての認識、すべての既得知識を抹殺しなくてはならない。神性が〝無〟であると同様に、それもまたこの無知の知によってのみ把握される。そしてその〝無〟が一切の実在の本源であるように、またこの無知は至高、至福の観想なのである、と（この「無知」がのちにニコラウスにより〝無知の知〟と呼ばれるにいたった）。またトマス・アクィナスは晩年に、かなり長い恍惚状態を経験し、その結果、秘書のレギナルドゥスが懇願したにもかかわらず、彼は一切文字に表現することを拒絶したといわれている。

この究極の境地は浅はかな人間の計らいによって得られるものではなく、絶対者それ自体に由来する。エックハルトによると、この境地はもはや個人の作為によるものではなくて、人間の内に行なわれる神の作為によるものである。神は霊魂の内にその本質を宿すという。この点は禅の思想、ことに臨済宗の思想とは全く異質のように思われる。しかし曹洞宗では似たような思想がみられる。道元は弟子たちにいった。

ただわが身をも心をも、はなちわすれて、仏のいへになげいれて、仏のかたよりおこなはれて、これにしたがひもてゆくとき、ちからもいれず、こころをも、つひやさずして、生死をはなれ仏となる。(『正法眼蔵』)

道徳的な諸価値が成立しうるのは、われわれ人間がその本質において善であり清浄であるという基本的な仮定に基づく。禅仏教では〝衆生本来仏なり〟と主張する。エックハルトもまた、神の本質は〝善の衣の下〟に覆われると説く。中世の主知主義は善の合理性を説いたのである。禅仏教は〝無為、無用、無目的の人〟について語るが、このような人間像はエックハルトのいう〝何ものにも執著せず、また何ものも彼に執著しない〟自由人に対応する。

インドのシャンカラなど、ヴェーダーンタ派の神秘家たちは、絶対者ブラフマンは、有・知・歓喜であると考えた。他方、エックハルトによると、あらゆる事物の本源である神は有と知識とを超え、理性の上、有の上にある。それはいかなる限定も性質ももたない〝無〟である。エックハルトは根源的な神を〝単なる無〟と呼んでいる。

これらの神秘家とは反対に、禅は絶対者に関するあらゆる分別を排除する。仏は日常生活のめだたない事物の内に潜在している。それらをあるがままに受け取ることが、悟りにほかならない。

禅とは精神的自由であり、人生が過ぎゆくことへの不安から作り出される実在についての固定観念ないし感情という束縛から、われわれの真実の本性を解放することである。禅の問答は一見したところでは、人を困惑させるようにみえるが、しかしじつは奇怪なものでもないし、秘密なものでもない。禅問答の指し示す真理は、きわめて簡単かつ自明のものなのである。

只だ分明《ふんみょう》の極たるが為に、
翻《かえ》って所得をして遅からしむ。
早《つと》に知る、燈は是れ火なるを、
飯熟《はんじゅく》すること已に多時。（『無門関』）

また、禅の詩人は詠じていう。

春に百花あり、秋に月あり、
夏に涼風あり、冬に雪あり。
若し閑事の心頭に挂《か》くることなくば、
便《すなわ》ち是れ人間の好時節。（同書）

特殊な事物のなかに絶対者を認めようとする思惟方法は、西洋中世にもなかったわけではない。神が〝初めに〟創造したという文句について、エックハルトはいう。「この〝初め〟とは永遠の〝今〟であり、その今において神は永遠に神であり、神的な人格の永遠の発出が起こるのである」（コプレストン『哲学史』）と。〝ここ〟と〝今〟とは、それ自身神である、というかぎりにおいて、本質をもっている。エックハルトはまた、「永遠においては昨日も明日もない。そこには現在する今がある。一〇〇〇年前の出来事、一〇〇〇年後の出来事が現在の内にある。対蹠地は〝ここ〟として同じなのである」（鈴木大拙『神秘主義』）ともいっている。

エックハルトの立言は普遍命題の形で述べられている。ところが禅師たちは個別的な場合に即して教えを説き、普遍命題という制約を打ち破ってしまった。

東洋においても西洋においても、多くの神秘家たちは絶対者を有と規定した。シャンカラの哲学では、ブラフマンは有である。エックハルトによると、有は神であり、神は有を授ける。しかしシャンカラの有は静止的であり不変であるが、エックハルトの有は永遠の〝生きること〟なのである。神はそれ自身、静的な有ではなく、生きている過程なのである。この過程は活動であり、法の強制や盲目的な衝動の影響によるのではなくて、崇高な奇跡の創造力と自由とにおける生殖なのである。道元の立場はさらに進んでいる。「時すでにこれ有なり、有はみな時なり」「この尽界の頭頭物物《ずずもつもつ》を時時《じじ》なりと覰見《ちょけん》すべし」「発心・修行・菩提・涅槃と現成する、すなはち有なり、時なり」（『正法眼蔵』）。

エックハルトは主張した。「それは、死せるものが再生し、死そのものでさえも生に転換しうる活力に満ちた生であるに違いない。神にとっては何ものも死なない。万物は神の内に生きている」（オットー『神秘主義』）。道元の主張はさらに徹底している。「この生死は、すなはち仏の御いのちなり」（『正法眼蔵』）。

しかしまた、そこには大きな相違も存する。シャンカラにとってもエックハルトにとっても、神は差別相をもたない知であった。若干の中国の禅者も仏性を〝純粋な知〟と理解した。しかし道元は、そのような見解は異端であり、仏説ではないと決め付けた。

四、僧院の生活方法における変化

瞑想の修行は疑いもなく、禅の僧院における生活のおもな目的であったが、注目に値することは、禅が中国に紹介されて間もなく、西洋に起こったのと同じような変化が、それも類似の理由で、しかもほぼ同時代に、僧院生活に生じたことである。すなわち、瞑想の実践に肉体労働と経済活動とが加わったのである。

西洋文明が蛮族の侵入によって危機に陥っていたときに、西洋の僧侶たちは新しい世界の建設に着手した。これは二つの仕方でなされた。第一には、蛮族の暴虐から古代ローマ人が逃れるために深山や海辺の孤島といった安全な場所に修道院を造ることであり、第二には、蛮族自身が住んでいる場所に修道院を建設して、そこを基点としてキリスト教の光が周辺の暗愚な地域に及ぶのをめざすことであった。

東洋の国々においては、紀元前数世紀に、仏教徒やジャイナ教徒によって僧院生活が営まれていた。しかしながら、西洋と同じような仏教の僧院制度は、キリスト教の僧院制度とほぼ同時代に出現したのである。中国の禅仏教の創始者ボーディダルマ（菩提達磨）が伝道に活躍した時期は四七〇ないし五三二年であり、彼はグプタ王朝時代の仏教を継承した。この時代までのインドの僧院制度では、僧を〝四方〟から受け入れることを原則としており、こうした生活方法は中国初期の禅僧たちに受け継がれた。しかし、第四祖道信《どうしん》（五八〇 - 六五一）によって禅の僧院生活に驚くべき変化が起こったのである。彼は双峯山に入って三〇年間そこに住み、ついにそこを出なかった。彼の周りには常時五〇〇人を超える僧が住んでいたという。大勢の僧が共同生活を営むということは、彼の時代から一般的となった。

道信が僧院での集団生活を確立したことは、エジプト人の聖パコミウスが紀元三一五年または三二〇年に西洋における最初のキリスト教修道院を創立したことに対比されるであろう。パコミウスに由来する西洋の修道院においては、修道僧たちは大いに働かなければならなかった。主として農業労働に従事したのであるが、それはすべての時間を肉の誘惑に抵抗するために費やすという生活方法に取って代わったのである。これはまさに、仏教の僧院の生活方法において、禅が革命的な改革を起こしたのに対応する。

深山に住んでいた禅僧たちは、生活を確保するために働かなければならなかった。このように経済的な生産に従事するようになったが、それは市場で売るためではなく、ただ自給自足のためであった。禅僧たちは食糧を確保するために、自分たちの僧院に付属している田畑を耕し始めたのである。その時代までは、仏教の修行僧は肉体労働に従事することはなく、瞑想を実践していただけであった。中国や日本において、修行僧が世俗の喧騒の世界から逃れて、静寂な場所で坐禅を実践しつつ、しかも自分たちの仕事をすべて自分たちでするというのは、道信の時代からのことなのである。例えば伝統的な仏教の戒律では、修行者が土地を掘ったり草木を伐ることは禁止されていたが、初期の禅の教団はこの禁止条項を無視してしまったのである。

百丈禅師（七二〇－八一四）は、地面を掘ったり草木を伐ることは必ずしも罪にはならない、と主張した。彼のモットーは「一日作さざれば一日食わず」であった。百丈禅師は僧院の生活規定を詳しく規定し、それはのちの僧院の基準となった。それはちょうど新しい西洋世界の要求に合致させるために修道院制度を改めた聖ベネディクトゥスの規則に対応するであろう。蛮族が国を侵略していたときに、聖ベネディクトゥスはモンテ・カシノの山の高い断崖の上に僧院を建設して、避難民たちに安全な場所を提供した。そこでの生活方法は、道信やその他の禅師が制定したものと類似していた。聖ベネディクトゥスの規定によると、修道僧はその僧院にとどまらなければならない。それまでは、修道僧は浮浪人のようにさまよい歩いていたので、時には人々に厄介者とみられることがあったが、聖ベネディクトゥスの修道僧は、特別の許可なしにはその修道院を去ってはならないのである。

それゆえに修道院は生活必需品をできるだけ多く自給しなければならなかった。庭園・水車・田畑・小川・井戸・パン製造所・台所などを自分たちで作り、耕作や樹木の伐採や料理、その他事務所や仕事場の職務もすべて自分たちの手でしなければならなかった。そして一日全体が、労働・祈りと瞑想・共同で行なう賛歌と読誦・学習・食事・睡眠に区分されていた。修道僧はまた、学校で教え、書物を書写したのである。

禅の僧院でも事情は同じで、禅僧は庭園・田畑・台所を維持し、耕作と農事に従事した。坐禅や宗教上の勤行、読書ばかりでなく、拭き掃除や料理のような肉体労働も行なったし、さらに客人の接待までもしたのである。

日本では、多くの宗派の僧はさらに進んで、道路・休息所・病院・池・港湾・田畑の開拓などの経済活動に従事するにいたった。そのような活動は他人への奉仕として日本では積極的に勧奨され、それは大乗仏教の精髄であると主張された。このことは慈悲ないし愛の強調や菩薩精神の礼賛に対応し、身代わり受難にもつながる点がある。

インドで伝統的保守的な仏教の教団が巨大な資産をもつ大組織となったときに、修行僧は民衆に対して、さほど奉仕をしなかった。彼らは一般大衆を無視し、軽蔑すらした。「賢者が精励修行によって怠惰をしりぞけるときには、智慧の高楼《たかどの》に登り、みずからは憂いなくして他の憂いある人々を見下し、みずからは憂いなくして他の愚人どもを見下す。――山上にいる人が地上の人人を見下すように」(『ダンマパダ』)。

仏教が中国に入ってきたとき、不死者を示す道教の語〝真人〟が仏教語のアルハット(阿羅漢)の訳語として、また〝無為〟が究極の解脱であるニルヴァーナ(涅槃)の訳語として用いられた。そして〝無為の人〟が道教徒ばかりでなく初期の中国仏教徒によっても称賛された。

ところが大乗仏教と呼ばれる仏教の新しい形態が原則的に容認されると、この〃より大きな乗り物〃という名前が示すように、慈悲の徳が強く主張されたため、無為という態度に抵抗する面が生じた。もっとも、小乗と呼ばれる保守的仏教においても、慈悲が全く欠如していたわけではない。しかし大乗仏教徒は慈悲が大乗の主要な特徴であると主張した。「若し衆生あり、下劣にして、その心の厭没《おんもつ》せる者には、示すに声聞の道を以てし、衆《もろもろ》の苦を出でしむ。若しまた衆生あり、諸根明利なること少なくして、因縁の法を願う者には、為に辟支仏《びゃくしぶつ》〔の道〕を説く。若し人、根明利にして、衆生を饒益《にょうやく》せんとし、大慈悲心ある者には、為に菩薩の道を説く」（『華厳経』）。また、「仏心とは大慈悲、これなり」（『観無量寿経』）とも説いた。

仏の慈悲が強調された。『法華経』で仏はいう。「（我は）世間の父なり。一切衆生は皆、これ吾が子なり」「三千大千世界を観《み》るに、乃至、芥子の如き許《ばか》りも、これ菩薩の、身命を捨てし処に非ざること有ることとなし」（『法華経』）。仏の慈悲はいかなる者にも平等に及び、それは降る雨に喩えられた。「恵みの雲は潤を含み、雷光は晃曜《ひかりかがや》き、雷声《らいしょう》は遠く震《ふる》いて、衆をして悦予せしむ」（同書）。

「乾《かわ》ける地は普く洽《うるお》い、薬木《やくもく》は並び茂り、その雲より出ずる所の一味の水に、草木・叢林は分《ぶん》に随って潤を受く」「我は、一切を観ずること普く皆、平等にして、彼此、愛憎の心、有ること無し」「貴賤・上下と持戒・毀戒《きかい》と威儀具足せると及び具足せざると正見・邪見と利根・鈍根とに等しく法雨を雨《ふ》らして、しかも懈倦《けけん》なし」（同書）。

仏はますます巨大化され、神格化された。四〇〇年前に日本にやってきたカトリックの宣教師たちの眼には、仏はもはや人間ではなくいわば生ける神のように映ったのであった。

聖書には神の愛を示すために、放蕩息子の話が伝えられているが、仏教で、それに対応する話がほぼ同じ時期（一世紀または二世紀）に『法華経』のなかで述べられている。放蕩息子の寓話の仏教版においては、仏は息子に対してつねに温情を抱いている富裕な善き父として表現されている。

ある富裕な長者にただ一人の息子があった。父は財をなしたが、その息子は五〇年もの間諸国を流浪し、落ちぶれて故郷に戻ってくる。息子の帰りを待ち望む父の家の前までくるが、彼にはそれがわからない。かえって威徳ある父の姿を見て、恐れおののき、逃げ去ってしまう。しかし父は息子に気づき、使いをやって彼を連れてこさせる。息子は恐怖に震えながら引きずられ、ついに失神してしまう。父は事情を察して彼を自由にしてやり、息子は貧民窟へと戻る。長者は一計を案じ、息子を傭い人として次第に打ち解けて行く。父であることを打ち明けずに、こうして二〇年を経て、死期の近づいたことを知った長者は、親族の者たちを集め、彼が実の息子であり、財産をすべて譲ることを告げる。この場合に、富める長者は仏を寓意し、また流浪してついに見いだされた息子は衆生を寓意している。仏は思慮深い父として衆生を次第に自分のほうに引き寄せて、最後に自分の子であることを明かすのである。

放蕩息子の譬喩は、のちのインドにおいては、ドラヴィダ（五五〇ごろ）、バルトリプラパンチャ（五五〇ごろ）、スンダラパーンディヤ（六〇〇ごろ）のような初期ヴェーダーンタ学者によっても説かれている。彼らによると、父は最高我を寓意し、息子は個我を寓意している。この話は最高我と個我との再合一を表している、と解釈されたのである。カーンチープラの賛詩はヴィシュヌ神の霊場の威力と功徳とを叙述して、そこの大寺院にまつわる伝説を記録しているが、その賛詩のなかでこの放蕩息子の寓話が、初期ヴェーダーンタ学者たちの断片的な言句よりも詳しく述べられている。

このように慈悲が東と西とでほとんど同じ時期に特に強調されるようになったということは興味深い符合である。

化身は仏教でもヒンドゥー教でもキリスト教でも承認された。しかし、ヒンドゥー教および仏教では、神または絶対者が化身となることは繰り返し行なわれるが、キリスト教ではそれはただ一回行なわれるのみである。

後代のヒンドゥー教において、ブッダ自身がヴィシュヌの化身として取り入れられた。しかしブッダの説いた教えはバラモン教の正統説に立つものではなかったので、ヒンドゥー教徒は、ブッダの教えは悪人をそそのかせて悪いことをさせ、破滅にいたらせるものであると考えた。

大乗仏教徒のすべてが利他主義に基づく行為をしたわけではないが、それでもある人々は利他主義の精神を強調した。シャーンティデーヴァ（寂天、七世紀）は次のような誓いを立てた。

我が善行に依って嘗て得し功徳を以て、

一切衆生の為に一切の苦痛を和らげん。
病める者には医薬たらん。
その病の続く限りは
彼らの医師となり、看護者とならん。
保護を要する者には保護者となり、
彼岸を願える者には船筏《せんばつ》となり、橋梁とならん。
灯火を要する者には灯火となり、
奴隷を要する者には奴隷とならん。

また、

他の苦を取り去らざるべからず、
そは又我が苦なればなり。
他に善をなさざるべからず、
善は我にも他にも善なればなり。（『菩提行経』）

彼の詩は、トマス・ア・ケンピス（一三七九－一四七一）に帰せられる『キリストのまねび』にしばしば比べられる。この書は愛を説いている。天にも地にも愛より甘美なものはなく、愛より力強いものはなく、愛より良いものはない。愛は重荷を感じないし、愛は苦労を気にしない。
これと並行的な興味ある現象として、中国では反仏教的な学者たちの間でさえも、愛が強調されるにいたった。新儒学者たちにとっては自然の愛情が人間関係の基礎を構成するものであった。そして徳の完成——ヒューマニティまたは善意——を、程顥《ていこう》(一〇三二-八五)や朱子(一一三〇-一二〇〇)のような新儒学者たちは宇宙の原理にまで高めたのであるが、それはしばしば〝愛〟として定義された。

よくいわれることであるが、チベットや蒙古の獰猛な戦闘的民族も仏教に感化されて温和となり、もとあった残忍な性格を消失してしまったという。日本でも統計の示すところによると、仏教の影響の強い地方では、殺人や傷害の事例が比較的まれであるという。

ところで、この慈悲の態度は人間の自然の性情を特に強調するにいたる。日本の仏教はこの点で特に顕著である。仏教の観念でさえも愛に関連して説かれ、性愛も宗教的熱情と矛盾するものとは考えられなかった。中国の禅宗はその初期において慈悲を強調したようでもないし、初期の有名な禅の書籍の内には〝慈悲〟という語はほとんど用いられていないが、禅が日本に受容されると、慈悲行が強調されるようになった。

仏教の寛容と慈悲の精神は、罪人に対してさえも深い憎悪を抱くことを不可能にした。仏教が盛んであった時代には、残酷な刑罰は行なわれなかった。仏教の影響下にあった古代インドを旅行した中国の巡礼僧も同じような報告を残している。日本でも、平安朝ではほとんど四〇〇年の長期間にわたり、死刑は一度も行なわれなかった。

第七章　浄土仏教

一、慈　悲

慈悲は菩薩崇拝の進展に伴い、浄土教で特に顕著にみられる。

菩薩はもともと悟りを開く以前のブッダを意味していたが、後代になると、悟りを求め、悩める人々に救いを与える者はだれでも〝菩薩〟と呼ばれた。それとほとんど同時代に、西洋では聖者崇拝が現れた。聖者は善意の人であるがゆえに、彼らの祈りは神によく届くと考えられたのである。菩薩もまた、その慈悲深い性質のゆえに、みずから進んで救いの手を差し伸べると考えられた。菩薩の実践は勇猛心と努力とを必要とするので、チベット語では〝勇健なる存在〟と訳されている。キリスト教徒もまた、〝英雄的に〟その徳を顕示した聖者だけを聖徒として列したのであった。

初期の仏教美術は、何もない空間やシンボルによってブッダを表した。アポロンを思わせる神聖な像が出現したのは後代のことである。ガンダーラ美術では、神々や諸王は光背ももつようになる。キリスト教美術がシンボルを採用したのは四世紀になってから、といわれている。

仏像や菩薩像が多く現れてから、それらに対する礼拝が強調された。キリスト教の聖徒もまた、もはやこの世にはいないにもかかわらず、いまや天にましまして、その像を拝む人々が祈るに足るものと考えられた。特に婦人と僧侶は聖像を愛した。そして偶像破壊論者をもって、キリストを十字架にかけたローマの軍人になぞらえた。大乗仏教においても、従前のストゥーパ崇拝に加えて、仏像を崇拝することが非常に称賛された。「乃至、童子の戯れに、沙《すな》を聚《あつ》めて仏塔を為《つく》れる、是の如き諸の人等は、皆已《すで》に仏道を成じたり。若し人、仏の為の故に、諸の形像を建立し、刻彫して衆相を成せば、皆已に仏道を成じたり。或いは七宝を以て成し、鍮石《ちゅうじゃく》・赤白銅《しゃくびゃくどう》・白鑞《びゃくろう》及び鉛・錫・鉄・木及び泥《ない》、或いは膠漆《きょうしつ》の布を以て厳飾して仏像を作れる、是の如き諸の人等は、皆已に仏道を成じたり。綵画《さいえ》して仏像の百福荘厳《ひゃっぷくしょうごん》の相を作るに、自ら作り、若しくは人をもせしめば、皆已に仏道を成じたり。乃至、童子の戯れに、若しくは草木及び筆、或いは指の爪甲を以て、画《えが》いて仏像を作る、是の如き諸の人等は、……皆已に仏道を成じ……」(『法華経』)。

仏や菩薩や敬虔な篤信者を賛嘆する諸種の伝説や物語が現れた。それは西洋中世において、聖徒や殉教者についての伝説や物語が多く語られたのと同様である。

種々の呪術的要素が普遍宗教のなかにいつとはなしに入り込んだ。大乗仏教において、菩薩は幸いや富をもたらし病気を治し、禍を退散させるといった不思議な力を有するがゆえに礼拝された。この点は西洋でも同様であって、例えば東ローマ帝国の民衆は聖像に接吻してそれを凋れた井戸のなかに投げ込むと、水がまた湧き出てくるとか、その他不思議な霊験を示すと信じていた。

しかし、キリスト教の聖徒たちは元来、歴史上の人物であったが、仏教における菩薩は歴史上に実在した個人ではなく、悩める衆生を救うために繰り返し繰り返しこの世に生まれてくると考えられていたのである。

大乗仏教の普及している国々における慈悲の女神に対する崇拝は、西洋における聖母崇拝とかなり似た点のあることに注意すべきである。それは観音菩薩の崇拝として特に顕著に表されている。観音菩薩はやさしい母親のように見なされ、おそらくアジア諸国を通じて最も広く崇拝された菩薩である。聖母マリアはあらゆる人々の心の友であり、王侯も淑女もまた農奴や端女《はしため》もみなともにその幅広い庇護を乞うた。観音とマリアがきわめて類似していたので、キリシタンが政治上の理由で禁圧された封建時代の日本では、キリシタンたちは観音像であると見せ掛けて人知れずマリアの像を拝んでいた。そして、それをひそかに〝マリア観音〟と呼んだのである。さらに観音はカトリックの聖徒とも共通な特徴をもっている。「或いは巨海《こかい》に漂流して龍・魚・諸の鬼の難あらんに、彼の観音の力を念ぜば波浪も没《もっ》すること能わざらん」(『法華経』)。西洋では、聖クリストファーが旅人の保護者と見なされていた。ところでそのような明瞭な類似があるにもかかわらず、はっきりした相違のあることも見落としてはならない。観音は外面からすれば女性であるが、元来は男性であり、さらにマリアは歴史的な人物であったが、観音は歴史的に実在した個人ではなかった。観音の真の人格は永遠であると考えられていたのである。

観音が登場したのとほぼ同じころに、未来仏としての弥勒菩薩が有力な役割を演ずるようになった。弥勒（語源的には〝友〟という語に由来する）は友愛を擬人化したものである。その伝説にはある程度ペルシャの終末論の影響があったといわれている。しかしともかく、それは新しい時代の精神的要求に合致したのである。

超越的な英知でさえも神格化された。それは西洋ではソフィアとして崇拝され、インドや他の南アジア諸国では〝仏母般若波羅蜜多〟として尊崇されるようになった。しかしソフィアの図像と仏母般若波羅蜜多の図像とはそれぞれ独立に発展したように思われる。仏母般若波羅蜜多すなわち聖なる英知は、聖母マリアと同じく、母であってしかも汚れに染まっていないのである。

慈悲が表現された一つの顕著な例は〝身代わり受難〟である。この身代わり受難という観念はキリスト教独特のものであるという見解が広まっている。ヒンドゥー教のあるスワーミーは、その観念はインド精神には無縁のものであるという。「キリストの生涯は精神的に感銘を与えるものである。しかしインドのわれわれにとっては、その終末はまさに悲劇である。……われわれの精神的英雄シュリー・クリシュナの死は悲劇に近かったが、われわれはその死に基づいて宗教を樹立することはしなかった。しかしキリスト教徒はキリストの死についてそのようなことを成し遂げたのであり、その結果は陰惨たるものであった。生命を投げ与えるというイエスのメッセージの代わりに、罪からの贖いという冷厳な教義が現れたのである」（スレーター『キリスト教徒は他宗教から学び得るか』）。

しかしそのような見解に反して、身代わり受難の観念はヒンドゥー教や仏教にも見いだされるが、その意義は異なっている。

ヒンドゥーの聖典にも、この観念を表明している若干の物語が存する。例えば『マールカンデーヤ・プラーナ』にある、敬虔なヴィパシュチット王の物語がそれである。彼は死王ヤマに自分の願いを表明する。

もしも私がここにいることによって、
これらの哀れな人々の苦しみが軽減されるのであるならば、
私はここにとどまるであろう。——柱のように。
私はこの場所から動くまい。

物語は、神々の王がこの願いを認め、彼は天に昇り、すべての地獄の住人はその苦しみから解放された、と結んでいる。

ヒンドゥー教において、この理想を最も明瞭に表現している像は、トーンダル・アディ・ポーディ・アールワールの像である。彼は紀元八三〇年ごろに南インドに実際に住んでいた歴史的人物であり、ヴィシュヌ教の聖者であった。彼はヴィシュヌ神の頭に巻く花かずらの化身と見なされていた。彼の像はいつも右肩に荷物袋を掛けた立像として表現されている。これは他の聖者たちの像が坐像であるのとはっきり異なっており、あらゆる人々の苦難を身に引き受けるという理想を表現しているのである。この点において、われわれは日本における浄土真宗の阿弥陀仏像がつねに立像であることを思い起こす。その立像は、苦しむものどもをいつでも救ってやるという身構えのできていることを示すのである。

身代わり受難の観念は、人間の要求の感覚と密接に関連しており、またそれは慈悲深い恵みによって罪も償われるという思想を前提としている。このことを以下に論議することにしよう。

仏教的な〝身代わり受難〟の観念は、ナーガールジュナ(龍樹)の著作『ラトナーヴァリー(宝行王正論)』に表明されている。「願わくは彼の所行の悪、我が果報に於て熟さん。是は我が所行の善、彼の果報に於て熟さん」。

〝代わって苦しみを受ける〟という思想は大乗の修行者の理想であった。しかしながら、キリスト教と大乗仏教との間には大きな相違のあることを見過ごしてはならない。キリスト教における身代わり贖罪は、キリスト独りによってなされるのであるが、仏教においては、いかなる菩薩によってもなされうるのである。

中世のキリスト教徒たちは、十字架にかかったキリストの像の内に身代わり贖罪の理想を見いだしたが、北方の仏教徒は特に地蔵菩薩の内に身代わり受難の理想像を見いだしたのであった。地蔵という名は、〝大地の母胎〟または〝大地の蔵〟という意味である。この名称の原意ははっきりしていないが、下方の世界の主を意味するとされている。若干の学者の見解によると、地蔵信仰は最初、中央アジアに現れたという。経典によると、彼は一切の生きとし生けるものを地獄から救おうという誓願を立てた。彼は悩めるものどもを救うために、地獄など苦難の場所を訪れるという。日本では特に亡くなった幼児たちの守護者と見なされている。また他人を救おうとしてだれかが死ぬと、その人の追憶のために地蔵像を建てるということが一般に行なわれていて、それを〝身代わり地蔵尊〟と呼ぶ。地蔵は、この世に一人でも苦しみ悩んでいる人がいるかぎり、決して涅槃に入ることなく、罪人とともに生死の世界にとどまるといわれている。

二、人類の堕落

他力への依存は堕落の意識と結び付いている。キリスト教には罪の意識があり、仏教の伝統では、それは浄土教に最も顕著に現れている。紀元二世紀ごろ、クシャーナ帝国の末期という精神的に不安定な時代に編集された浄土教初期の文献には、精神的な危機意識が非常に強く反映されており、ある経典には、その教えは堕落した時代の人々を対象とする、と書かれてある。「釈迦牟尼仏は、……五濁の悪世たる劫濁、見濁、煩悩濁、衆生濁、命濁の中において、……一切の世間に難信の法を説きたまえり」(『阿弥陀経』)。キリスト教の文献においても、一世紀に作られた『黙示録』には、この世の終わりと新しい世界の創造とが描かれている。「彼(御使《みつかい》)は、悪魔でありサタンである龍、すなわち、かの年を経た蛇を捕えて一〇〇〇年の間つなぎおき、底知れぬところに投げ込み、入り口を閉じてそのうえに封印し、一〇〇〇年の期間が終わるまで、諸国民を惑わすことがないようにしておいた。……一〇〇〇年の期間が終わると、サタンはその獄から解放される。そして、出て行き、地の四方にいる諸国民、すなわちゴグ、マゴグを惑わし、彼らを戦いのために招集する」。

浄土教の信徒は、信仰と実践とに対する報いとして、死後には浄土に生まれることができると考えていた。浄土教における救世主は阿弥陀（アミターバ〝無量の光明ある者〟、アミターユス〝無量の寿命ある者〟）である。阿弥陀の西方浄土は絢爛たる筆致をもって描かれている。「浄土は栄華富貴にして、衆生の遊楽する所、豊饒にして愛楽すべし。馥郁《ふくいく》たる妙香流布し、華果多くして、宝樹もて荘厳し、美声《みしょう》の諸鳥此に来至す」（浄土三部経から取意）。

これと同様に、イエスは天国を説明して、そこにはたくさんの人が集まってきて、一緒に食卓につき葡萄酒を飲むとする。ダンテやミルトンといえども、彼岸の世界の素晴しさを描写するためには、地上の世界から姿を借りてこなければならなかった。中国の民間説話には、崑崙山《こんろんさん》に住む〝西王母〟という一妖精の物語がすでに存していた。

浄土経典によると、阿弥陀仏は今や無限の仏国土を過ぎた西方の浄土にあって、十方にその光を放ち、限りなく多くの生きとし生けるものを救うために教えを説いている、とされる。したがって、釈迦牟尼はわれわれがつねに阿弥陀仏を念ずべきであると教え、この仏の慈悲によって、彼かの浄土に生まれることが『阿弥陀経』に説かれている。「少なる善根・福徳の因縁を以て、彼の国に生まるるを得べからず。舎利弗よ、若し善男子・善女人有りて、阿弥陀仏（の名号）を説くことを聞き、（その）名号を執持するに、若しは一日、若しは二日、若しは三日、若しは四日、若しは五日、若しは六日、若しは七日（の間）、一心不乱ならば、其の人命終わる時に臨んで、阿弥陀仏は、諸の聖衆とともに、其の前に現在したもう。是の人（命）終わる時、心、顛倒せず。（命終わりて）即ち阿弥陀仏の極楽国土に往生することを得ん」。

『大無量寿経』によると、法蔵比丘（のちの阿弥陀仏）は、まだ菩薩として仏に成るための修行をしていたときに、凡夫をして極楽浄土に生まれしめんがために、四八の願いを立てた。衆生はそこに生まれ、超自然的で不可思議な阿弥陀仏の功徳を聞き、信じ、喜ぶことによって悟りを得るのである。今や法蔵比丘は仏に成っているのであるから、彼の願いは実現され、永遠な浄土（無限の生命と無量の光明）が建立されているはずである。このように、大いなる慈悲としての阿弥陀仏の誓願力によって、衆生の救済が保証されているのであるから、浄土教の信者は、無上の幸福たる阿弥陀仏の浄土に生まれて、仏の境地すなわち悟りを求めるのである。浄土に生まれることは、一切の生きものを救おうとの阿弥陀仏の誓願力を信じることによってかなえられるのである。

仏教では自己を修練する教えと仏に対する崇拝とが二つながら説かれていて、これらは互いに矛盾するように思われるかもしれないが、いずれもその源は同じなのである。仏教の哲学によると、われわれは道徳的かつ宗教的な意味合いにおいて真実の自己を実現するように努力しなければならないとされる。この理想は、すでに真実の自己を完全に実現し得た者を崇拝することと全く矛盾しない。大乗仏教では多数の仏と菩薩とが崇拝され、特に阿弥陀仏の崇拝は中国や日本の仏教においてきわめて重要な役割を果たしてきたのである。

このような浄土教の経典は、専心に阿弥陀仏の名号を念ずる行為を強調し、この実践は中国に受け継がれ、さらに日本にも引き継がれた。

われわれは西洋においてもこのような称名を見いだすことができる。オリゲネスの言によると、呪術師は〝アブラハムの神〟と口に称えるが、その神とはだれなのかを知らない場合がしばしばである。けれども、明らかにこの称名は際立って効力があった、とのことである。当時の呪術者は当時知られていたありとあらゆる宗教から集めた呪文を用いていたが、もしもオリゲネスの言が正しいならば、ヘブライの源泉から得られた呪文が最も効能があったと考えられる。モーセが魔術を禁じたとオリゲネスは指摘しているのであるから、彼の議論はきわめて奇妙である。

ちなみに、大乗仏教徒は極楽浄土に天女はいるけれども、人間の女性はいないと考えた。阿弥陀仏は、まだ仏と成らないときに、次のような誓いを立てた。「設《たと》い、我仏となるを得んとき、十方の無量・不可思議の諸仏世界に、其れ、女人有りて、我が名字を聞きて、歓喜信楽《しんぎょう》し、菩提心を発《おこ》し、女身を厭悪せん。（その人）寿《いのち》終わりて後、復《また》女像とならば、正覚を取らじ（阿弥陀仏の三五番目の誓願である）」（『大無量寿経』）。来世に女人が男子に生まれ変わるという思想は仏典のあちこちに説かれている。同じような思想は中世の西洋にもあった。ドゥンス・スコトゥスは次のように主張した。すなわち、人間はもともと罪をもたぬものであった。そして人間が罪をもっていなかったときには、性の区別はなかった、と。もちろん彼のこの言葉は〝神が男女を創造した〟という聖書の言葉と矛盾する。しかしドゥンス・スコトゥスによると、人間が男と女とに分かれたのは、罪の結果にほかならないのであって、女は人間の肉欲的で堕落した性質を具体的に表現しているというのであるが、究極においては男女の区別は再び消失し、そのときに人間は純粋に精神的な身体を獲得するであろう、というのである。

罪悪の意識は親鸞(一一七三―一二六二)において最も顕著であった。親鸞は、今日日本で最も多くの信徒を有する浄土真宗の開祖であり、しばしばルターに比較される。しかし彼はトマス・アクィナスとほぼ同時代に生存し、その時代は日本の中世の初期に相当するので、彼の思想を中世思想の枠のなかで論ずるのも不適当ではないであろう。インドではほぼ同時代にラーマーヌジャその他、信愛(バクティ)の宗教の指導者たちがヴィシュヌ神またはシヴァ神の恩寵による救いを唱導していた。

親鸞によると、われわれが生きているという単なるその事実のなかに禍が含まれているという。生存しているものはみな罪業を犯しており、われわれは罪を犯すことなしには生きていけない。われわれはすべて業に束縛されているのである。親鸞の師である法然は、「盲目の凡夫は何をなすも能わざるもの」と考えた。

浄土真宗に帰すれども
真実の心はありがたし
虚仮不実のわが身にて
清浄の心もさらになし(『悲歎述懐和讃』)

仏教を奉じていない人が、いろいろな悪を行なうのは不思議ではないが、仏教の教えをすでに聞いているにもかかわらず、悪を行なっているという事実に親鸞の内省の出発点があった。「すでに僧にあらず俗にあらず、このゆへに禿の字をもて姓《しょう》とす」(『教行信証』)。彼はみずから愚禿《ぐとく》(外形は頭を剃っていても内心は世俗に汚されている)と称した。

南インドのシヴァ教の聖者サンバンダル(七世紀の人)もまた叫んだ。

私には正しさがない。私はただあなたを称賛して語るのです。

さあ、ヴァリヴァラムの主よ。願わくは行いの暗黒なる果報をしてあなたの奴僕を苦しめないようにして下さい。この奴僕は歌もて日々にあなたを賛えているのですから。(キングスバリー、フィリップス『シヴァ聖者の賛歌』)

西洋でもこれらに似た反省が見いだされる。パウロはいった。「私の欲している善はしないで、欲していない悪を行なっているのである」(『ローマ人への手紙』)。同じような精神的反省が中世にもなされていた。聖アウグスティヌスは神の許しを乞うていう。「おお神よ、わが心を見そなわせ給え。奈落の底にあろうとも、憐みをもち給うわが心を見そなわせ給え。今わが心は告白します。それがかしこで何を求めていたか、悪事への誘惑もない場合に悪事そのものを働き、理由なくして邪悪でありましたことを。それが穢れたることであるにもかかわらず、私はそれを愛しました。滅びることを愛したのです。自分自身の過失を愛したのです。そのために過失を犯したのではなく、自分の過失そのものを愛したのです。天界より下落し、主の御前より追わるる穢れたる魂、恥を通して何ものかを追い求める魂だったのです」(『告白』)。

インドの仏教において〝悪〟から区別された罪の観念の起源を求めることは困難である。サンスクリット語の akuśala または pāpa という語がどちらをも意味し得たのである。agha, kilbiṣa, enas などという語が昔からバラモン教で使われていて、仏教にも継承されたのであるが、それらが悪から区別されたものとして仏教哲学で何か重要な意味をもっていたとは考えられない。その理由の一つは仏教が創造神の概念を仮想していないことである。

しかし親鸞が〝罪悪〟または〝罪障〟という語を使うときには、人間の先天的な罪に対して非常に鋭い意識を自己反省しているのであった。親鸞は罪の観念を体系化しなかった。彼の主著『教行信証』において、彼は十悪(十の悪い行い)と五逆罪(五つの重い罪)という伝統的な概念を伝えた。

十悪とは次の一〇種である。㈠殺す、㈡盗む、㈢邪婬を行なう、㈣偽りをいう、㈤浮わついたおしゃべりをする、㈥悪口をいう、㈦両舌を使う、㈧貪る、㈨怒る、㈩邪な見解を抱く。

五逆罪とは次の五種である。㈠母を殺す、㈡父を殺す、㈢阿羅漢を殺す、㈣教団を分裂させる、㈤仏の身体から血を出させる。

ところで西洋においてアウグスティヌスがこのような懺悔を表明しているのは、少年時代に悪ふざけして、空腹でもないのに、他人の樹から幾つかの梨を奪ったという単純な事実に基づいている。彼はこの行為をほとんど信じ難い罪悪であると生涯を通じて考え続けた。しかし、親鸞は具体的にどのような種類の罪を犯したかについて何も記していない。おそらく個別的な事例を表明するのを恥じたのであろう。ここにわれわれは、例えば戦争の残酷な光景を如実に生々しく表現した西洋の多くの芸術家の精神的態度と、それをただ漠然としか描写しない日本の多くの絵書きの精神的態度との相違に対応するものを、宗教的告白の表現の差異の内に読み取ることができる。

親鸞によると、罪悪は人間の存在そのものに深く根ざしているのである。

外儀のすがたはひとごとに
賢善精進現ぜしむ
貪瞋邪偽おほきゆへ
奸詐ももはし身にみてり（『悲歎述懐和讃』）

また、

悪性さらにやめがたし
こころは蛇蝎のごとくなり
修善も雑毒なるゆへに
虚仮の行とぞなづけたる（同書）

親鸞は、自分の行き着く先は地獄に定まっていると感じていた。しかし、彼は原罪という観念はもっていなかった。アウグスティヌスによると、堕落以前のアダムは自由意志をもっていたのであるから、罪を犯さないでいることもできたはずであるが、アダムはエヴァとともにリンゴを食べて、それから堕落が生じ、それが子孫のすべてに伝わっていった。われわれの祖先がもし罪を犯さなかったならば、人類は死ぬことはなかったであろう。しかし実際には罪を犯したために、われわれは死ななければならないのである。われわれはすべてアダムの罪を受け継いでいるので、永遠の処罰を受けるのである。

三、他　力

ところで、親鸞もまた、われわれ凡夫がひとえに阿弥陀仏の慈悲にすがることによって救われるのであると強調する。「清浄光明ならびなし　遇斯光《ぐしこう》のゆへなれば　一切の業繋《ごうけ》ものぞこりぬ　畢竟依を帰命せよ」「慈光はるかにかふらしめ　ひかりのいたるところには　法喜をうとぞのべたまふ　大安慰を帰命せよ」（『讃阿弥陀仏偈和讃』）、「この悲願ましまさずば、かかるあさましき罪人いかでか生死を解脱すべき」（『歎異抄』）。

このように罪を意識すると同時に救済の恩寵にすがる教えに対応するものとして、われわれはキリスト教におけるパウロの言葉を思い出す。「なぜなら、被造物が虚無に服したのは、自分の意志によるのではなく、服従させた方によるのであるから」（『ローマ人への手紙』）。アウグスティヌスは落ち込んだ深淵のなかから救いを求めて叫んだ。「人間にとっては、自分の弱さを知り、神にすがって、引きずり出されるよりほかにはどのような方法も存在しない」(『告白』)。また、彼はいった。「人間は彼自身においては何ら意味のないもので、自分自身から助けを得ることはできない、と知ったときに、彼の内の武器は粉砕され、彼のなかの戦いは終わる。そのとき、大地を震動させ諸王国を屈服せしめた神の神聖な雲のなかから現れた最高の者の力がそのような戦いを滅ぼしたのである。神こそこのような戦いを大地の果てに連れ去ったのである」。

ここで人はいうかもしれない。すなわち、われわれは仏の慈悲を認めることができない。眼に見えないではないか、と。親鸞の答えはこうである。深重な罪障によってわれわれの眼がさえぎられているために認めることができないのである。われわれはそれと気づかないけれども、すでに阿弥陀仏の慈悲に摂取されているのである。

　　煩悩にまなこさへられて
　　摂取の光明みざれども
　　大悲ものうきことなくて
　　つねにわが身をてらすなり(『高僧和讃』)

われわれは特に末世に生きているのであるから、阿弥陀仏の本願に頼らなければ、世俗から救われることは不可能である。

　　末法第五の五百年
　　この世の一切有情の

如来の悲願を信ぜずば
出離その期はなかるべし（『正像末和讃』）

また、

無慚無愧のこの身にて
まことのこころはなけれども
弥陀の廻向の御名なれば
功徳は十方にみちたまふ（『悲歎述懐和讃』）

われわれは自分自身が罪深いという事実をよくよく思念することによって、初めて他人に同情を抱くことができるようになる。同情は慈悲に基づいている。「われわれは悪人であり、罪深い者である。しかし信の力によってわれわれは世人の幸せのために善をなそうと努めるようになる。ただそれはわれわれ自身の力によるのではなく、他者（阿弥陀仏）の力によってである」。正しい人も、罪人も、すべての人々は区別なく阿弥陀仏の浄土に入ることが許される。阿弥陀仏の慈悲に対する信だけが、受け入れられるための唯一の条件である。阿弥陀仏は最高神にも似た純粋な慈悲の存在である。しかしキリスト教の神とは異なって、彼は裁判官ではなく、またそこには罰の観念がない。真宗では、悪人ですら阿弥陀仏による救済に漏れるものではないと考えるのである。

法然の教えは「罪人なを（浄土に）むまる、いかにいはんや善人《ぜんにん》をや」ということであったが、親鸞はこれを逆転させてしまった。「善人なをもちて往生をとぐ。いはんや悪人をや」(『歎異抄』)。善人は、自分自身の功徳で自分を救うことができるかもしれない。しかし悪人は自分自身の功徳で自分を救うことは期待できない。悪人は仏の慈悲を必要とし、それ以外には方法がないのである。

それゆえ必ずしも慈悲による救いを必要としない善人でさえも救われる。仏の慈悲によるのでなければ救われようのない悪人が救われるのはなおさらではないか。悪人は阿弥陀仏の救いを信じさえすればよいのである。そうすれば必ず浄土は彼のものとなる。ここでは信仰が救いのための唯一の必要条件となっており、それ以外のいかなる仏教の道徳哲学もすべて除き去られている。

親鸞の思想に対応するものとして、彼と同時代にキリスト教徒として活躍したトマス・アクィナスの思想は次のようなものである。「大罪を犯すことによって人間は、終極の目標をも剝奪され、したがって永劫処罰がその当然の報いになる。いかなる人も、恩寵によらなければ罪より解き放たれないが、罪人が回心しない場合には、それは罪人が悪いのである。また人間は善行を積み続けるには恩寵を必要とはするが、いかなる人間も神の助力を受けるに値するはずはない。神は人間が罪を犯すことの原因ではないが、ある人々を罪のなかに放置し、ある人々を罪から救う。〝予定〟の思想に関しては、聖トマスは聖アウグスティヌスと同意見で、なぜある人々が選抜されて天国へいき、ある人々が見捨てられたまま地獄へいくのか、ということの理由は述べられ得ない」(ラッセル『西洋哲学史』)。

恩寵の働きについて、似たような論争がさまざまな伝統において起こった。キリスト教の神学では、二つの立場が主張された。その一つは恩寵が行為とともに働くことによって救われるという説であり、もう一つは恩寵のみによって救われるという説である。最高の神に対する信愛を説くインドのヴィシュヌ教においては、ラーマーヌジャ派が二派に分かれ、恩寵のみによって救われるか否かという点について激しい論争が行なわれた。この二派の間の意見の相違は印象的な譬喩によって示された。すなわち〝猿の道〟と〝猫の道〟である。母猿が危険に陥ると、子猿はすぐさま母親にしがみつく。母猿が安全な場所へ跳び去って子猿も母猿も救われるのであるが、その際に子猿も少しは母猿に協力する。何となれば子猿は自分のほうから母猿にしがみつくからである。ところが子猫をつれている母猫に危険が迫ると、母猫はすぐさま子猫を口にくわえて逃げ去る。子猫は救われるために何もしない。子猫はただ受け身であり、協力関係は全く存在しない。中国および日本の浄土教で、信と行との関係が大論争の主題となった。多くの先達は信と行とはともに協力するはずであると考えた。しかし親鸞は純粋の信だけで十分であり、行に頼るべきでないと、断乎として主張した。

日本では一般に、仏教は人間関係の見地から信仰された。両親や親族や主人または領主などの冥福を祈るために、信仰に入った人が多かったのである。しかし親鸞の唱えた信仰は純粋に個人主義的であった。「親鸞は父母の孝養のためとて、一返にても念仏まうしたること、いまださふらはず。そのゆへは一切の有情は、みなもて世々生々の父母兄弟なり。いづれもいづれも、この順次生に仏になりて助さふらふべきなり」(『歎異抄』)。宗教的な意味における個人主義は、親鸞の場合に特に明白であった。彼は弟子の唯円《ゆいえん》に向かって述懐した。「弥陀の五劫思惟の願をよくよく案ずればひとへに親鸞一人《いちにん》がためなりけり。されば、そくばくの業をもちける身にてありけるを、たすけんとおぼしめしたちける本願のかたじけなさよ」(同書)。

主従関係を尊重して、主人を中心とする緊密な集団を形成する傾向は、日本人の間で顕著であった。しかし親鸞は断乎としてそれを否認した。「専修念仏のともがらの、我弟子、人の弟子といふ相論のさふらふらんこと、もてのほかの子細なり。親鸞は弟子一人ももたずさふらふ。そのゆへは、我はからひにて、ひとに念仏をまうさせさふらはばこそ、弟子にてもさふらはめ。ひとへに弥陀の御もよほしにあづかりて、念仏まうしさふらふひとを、わが弟子とまうすこと、きはめたる荒涼のことなり」(同書)。

しかし絶対者と個人との間の関係は、伝統によって異なっていた。中世のキリスト教の思想家は、つねに畏怖の念をもって神を見ていた。ヒンドゥー教の聖者は個人を〝神の奴隷〟と呼んでいた。しかし日本の浄土教の先達は〝奴隷〟という語を決して用いなかった。彼らは信者はみな阿弥陀仏の子供であると考え、阿弥陀仏を〝親さま〟とか〝みおや〟(単数)とかと呼んだ。親が子供を自分自身と同様の状態に育て上げようと思うように、阿弥陀仏はあらゆる罪人を阿弥陀仏と同じような仏にしようとしており、そこには差別がないのである。もしもそこに何らかの差別があるならば、阿弥陀仏の慈悲は完全ではないことになるであろう。

日本における阿弥陀信仰は〝南無阿弥陀仏〟という六字の名号を繰り返すことによって実践された。

タミルのシヴァ教では、つねに〝ナマス・シヴァーヤ（シヴァ神に帰命し奉る）〟という五音節の句を繰り返すことが重要視された。シヴァ教の教義入門書では、この句を称えることに一章が当てられている。

愛の涙を流しながら、それを繰り返し称える人々に、
それは生命を捧げ、道を示す。
主の偉大なる名、――そのために〝シヴァ神を敬い奉る〟といえ。（キングスバリー、フィリップス『シヴァ聖者の賛歌』）

宗教詩人トゥルシー・ダースは、ラーマの名はラーマその人よりも尊いと説いた。

それでは、最高者の名は何度繰り返して称えたらよいのであろうか。

日本の浄土教徒のある人々は、南無阿弥陀仏を多く称えれば称えるほど、多くの功徳が得られると考えた。そこで、法然上人は念仏を一〇〇万遍称えたという伝説も成立したのであるが、彼自身は単に「念仏を申させ給はんには、心をつねにかけて口にわすれずとなふるが、めでたきことにて候なり」（『法然上人一代記』）といった。この点について、親鸞は信と口称念仏とはともに必要であると考えた。「信心ありとも、名号をとなへざらんは詮なくさふらふ。また一向名号をとなふとも、信心あさくば往生しがたくさふらふ。されば、念仏往生とふかく信じて、しかも名

号をとなへんずるは、うたがひなき報土の往生にてあるべくさふらふなり」(『末燈鈔』)。しかし彼はこの両者を区別しようとはしなかった。「信の一念・行の一念、ふたつなれども、信をはなれたる行もなし。行の一念をはなれたる信の一念もなし」(同書)。

そのような口称の行がキリスト教にとって本質的に重要なものであったかどうかは、はっきりしない。しかしそのような傾向がキリスト教にも存在していたという事実をわれわれは見過ごしてはならない。パウロはいっている。「この言葉とは、私たちが宣べ伝えている信仰の言葉である。すなわち、自分の口で、イエスは主であると告白し、自分の心で、神が死人のなかからイエスを甦らせたと信じるなら、あなたは救われる」(『ローマ人への手紙』)。心のなかでの信仰と口での告白との両者がともに結合したときに彼らの救いが完成するということを、彼は明言しているのである。「主の御名を呼び求める者は、すべて救われる」(同書)。しかしキリスト教における口での告白は、浄土教におけるように単純化されなかった。

ところで、ここで悪人正機という問題を考えてみよう。われわれが悪人であるというまさにその理由によって救われる資格があるというのである(これに関連して、西洋の反律法主義と対照させるとよい)。後代の親鸞の信徒の内には、罪を犯すのを恐れてはならぬということを、誇らかに高言する人々が現れた。この主張は〝本願誇り〟と呼ばれる。インドにおけるテーンガライ派は〝罪過が享楽される〟という危険な教えを採用した。この意味は、神は罪過を享楽する、何となれば、人が罪を犯せば、神は恩寵を示す範囲が広くなるからである、というのである。罪は救いのための機会を与えることになるという思想は、西洋でも非常に古い時代に現れた。「律法が入り込んできたのは、罪過の増し加わるためである。しかし、罪の増し加わったところには、恵みもますます満ちあふれた」。

しかし浄土真宗でいう、悪人正機の説は、悪人であることを称賛するのではない。そのような見解は、真宗で異端として排斥された。純粋な信仰があれば、おのずから行いも善くなるのである。

弥陀の廻向成就して
往相還相ふたつなり
これらの廻向によりてこそ
心行ともにえしむなれ
往相の廻向ととくことは
弥陀の方便ときいたり
悲願の心行えしむれば
生死すなはち涅槃なり（『高僧和讃』）

行為の内に慈悲を具現するという思想はのちの真宗の僧たちによって強調された。覚如の歌にいう。「あはれみをものにほどこす心より　外に仏のすがたやはある」。また、蓮如（一四一五－九九）はいった。「雨もふり、又炎天の時分は、つとめながながしく仕候はで、はやく仕《し》て人をたたせ候がよく候由、仰られ候。これも御慈悲にて人々を御いたはり候。大慈大悲の御あはれみに候」(『蓮如上人御一代記聞書』)。慈悲は日常生活のなかで実現されなければならないのである。これに似たものとして、キリスト教の伝統においても、罪のゆえに恵みにあずかるからとて、罪にとどまってよいということにはならないということが古くから強調されている。「恵みが増し加わるために、罪にとどまるべきであろうか。断じてそうではない。罪に対して死んだ私たちが、どうして、なお、そのなかに生きておれるだろうか」。

罪悪に関する意識が強烈であったという点で、親鸞はきわめて独自であったが、彼の罪悪観は仏教の伝統を受け継ぐものであった。

罪業もとよりかたちなし
妄想顚倒のなせるなり
心性もとよりきよけれど
この世はまことのひとぞなき（『悲歎述懐和讃』）

罪はそれ自体としては実体性をもたないものであり、〝空〟である。だからこそ人間は救われることが可能なのである。そのような仏教的な罪悪観は、中世西洋のキリスト教思想家の内にさえ認められる。ドゥンス・スコトゥスによると、「罪の根源は、自由のなかにあり、罪が生起するのは、人間が神のほうに向かずに、自分自身のほうに向くからである。悪の根拠は、神のなかにはない。なぜなら神には、悪という観念はないからである。悪は非有であり、根拠をもたない。

なぜならもし根拠をもつとすれば、必然的なものとなるからである。悪とは、善というものの一つの欠如状態なのである」。しかしながら、そのような説は法王により異端として禁圧されてしまった。仏教の罪の観念はキリスト教のそれとはかなり異なっていたのである。

これまでみてきたように、親鸞には人類の祖先の原罪という観念はなかった。浄土教が日本で祖先崇拝と矛盾を感じさせなかったのは、こういう点に一つの原因があるのである。

四、結論

これまで私は一方では道徳的かつ精神的な堕落としての意識を幅広く記してきたし、他方ではこの意識に関連する諸観念を述べてきたが、これらの間に区別を設けたことは意義のあることと思っている。もし罪がユダヤ教ないしキリスト教の伝統にみられるように神への反逆と考えられるのであれば、そのような観念は仏教にはないといわなければならない。すなわち、それは次のようなものである。「神よ、あなたの慈しみによって私を憐れみ、……私はあなたに向かい、ただあなたに罪を犯し、あなたの前に悪い事を行ないました」(『詩篇』)。なぜなら、仏教は創造神の観念をもたないので、仏教における仏と人間との関係はキリスト教における神と人間との関係とは異なるからである。大乗仏教のように、すべての人間は仏性をもっていると考える場合には特にそうである。仏教でそのような思想に最も近いのは、久遠の仏という考え方である。それは諸世界の父として、また一切有情をたゆまず哀れみ、心を砕く根源として表されている。そして『法華経』では、一切有情のあるところに変わりなく降り注いで生気を与える雨になぞられている。

人間の意識とそれに関連する諸観念とのこのような区別は、これまで仏教とキリスト教という二つの伝統を比較するなかで述べてきたこと全般に当てはまる。われわれは幾つかの場合に類似の観念ないし概念があることをみてきたが、よりいっそう注目してきたのは思想を伝える用語であった。ある用語が使われている文章の前後関係をみると、厳密な意味で似ているとは思われないが、それでも人間の立場や状況および意識に類似性のあることを示唆するような、相似た実践や行動や言語とかかわっていることがわかるのである。

仏教とキリスト教という二つの〝普遍宗教〟の一般的受容を解明しようとする議論が行なわれる際につねに現れるのは後者のような比較の立場である。あらゆる時代、あらゆる地域において、人間が生命の神秘に直面し、人間の運命を考えるときに生ずる、人間としての渇仰や挫折は類似し、それに伴って生ずる疑問や課題も類似し、また、この疑問や課題を生ぜしめる人間としての欲求や条件も類似する。両宗教はこのような要求や条件にかかわって人間にアピールするものをもっているといえるであろう。

しかしながら、宗教思想の領域では、提起された問題を考える際に、何らかの緊張状態があることも確かである。したがって前章では解脱や救済を得るためには人間自身の決意つまり自力が必要であることを強調する思想と実践とを論じ、一方、この章ではキリスト教ばかりでなく仏教の伝統のなかでの〝恩寵の宗教〟を取り上げて、恩寵すなわち他力に力点を置いた。一方が強調される場合にも他方の余韻が残っており、両者の間には緊張が保たれている。それは他力ないし恩寵の働きと人間の側での協力の度合いとに関する議論において引き合いに出した猿と猫との例証で明らかである。また、念仏の口称に関する仏教の見解の相違にも、同じような緊張がみて取れる。

また注目すべきことは禅仏教を自力の範疇に入れてよいかどうかを決定するのは困難であるということである。それゆえパウル・ティリヒがいったように、われわれはどのような宗教の伝統であれ、それを狭く固定的な特定の型に押し込もうとする傾向には批判的でなければならない。なぜならば、そういう行為は何か一つの伝統に限定されない人間の生命ないし思想の働きを無視することになるからである。

この結論は、日本および東洋の国々で〝近代的〟と呼ばれるものすべてがひとえに西洋の影響によるものである、という今日よく見受けられる見解に対して、より批判的な眼を開かせてくれるであろう。この点を次章で考えてみたい。

第八章　東洋における近代思想の夜明け

一、東西の文明

東洋の仏教と西洋のキリスト教、それぞれの伝統にみられる人生に対しての似たような姿勢から同じような一つの結論が導き出されるということは、洋の東西を問わず人間が同じような人生の問題に直面するときに、たとえ伝統は異なっていても、それらの宗教的および哲学的問題に対して、同じような対処の仕方をするということである。人生に対する一つの見方もしくは対応の仕方が、一方の伝統では少数派でありながら、別の伝統では多数派を占めるという場合がよくあるけれども、そのような場合にそれらが比較の対象となるのである。例えば、自力という教義によって示される人生への対応は、キリスト教よりも仏教のほうが優勢であり、一方、キリスト教では神の恩寵（他力）の教義の受用によって示される人生への対応がより一般的であると考えられる。しかしそれにもかかわらず、人間の置かれた状況や条件が異なった局面を呈するときには、ここに挙げた二つの対応が、それぞれの伝統において互いに緊張を保ちながら現れるのである。

この結論は、このように類似した特徴が生ずるのは、歴史の経過につれて一方の伝統が他方に影響を与えた結果であるといった類の解釈に疑問を投げかけることになるであろう。例えば若干の歴史学者は、他力を説く浄土教の教義はキリスト教の恩寵の教義に類似しているので、それはキリスト教の影響下に現れたのであろうと考えた。しかし、もし仏教が自力を強調するにもかかわらず、それ自身の内部に恩寵説と趣を一にする傾向をも含んでいたと考えることができれば、そのような解釈は必要でなくなるはずである。

二つの伝統が出会ったときに、一方が他方に影響されるということは実際にありうるであろう。しかし、どのような場合であれ、一方の伝統においての主張を他方が借用したのであるとか継承したにすぎないとかと単純に結論づける前に、他方でも人生や思想に関して同じ方向を指し示す独自の動きがあったのではないかと問うべきであろう。

近代西洋文明が今日の東洋に与えた影響について、次のような意見がある。すなわち近代文明は、キリスト教の伝統にのみ育まれた人間とその環境とに対する見方に伴って生じたものであって、このキリスト教の伝統に反する東洋の価値観はキリスト教的な見方の対極をなすものである、というのである。さらに人口に膾炙《かいしゃ》している説では、東洋の国々は西洋文明の影響を受けるまで本来の意味での近代的視点をもっていなかった、というのである。東洋人の思想および実践は中世時代のままだった、というのである。

この章で私は、そのような見解を基礎づける根拠について考え、また批判を加えようと思う。〝近代〟を特徴づけるもののなかで、思想の自由に注目してみよう。思想の自由は既成の〝権威〟

やいわゆる自己意識に対して懐疑的な態度を取ることをその特色とし、また権威に対する中世的服従とかスコラ哲学や超世俗性に反対する立場としての経験論や唯物論や世俗性などもその特色である。特に注目したいのは、西洋と同じく東洋にも存在した近代的視点の先駆の幾つかである。

ところでこの章ではこれまでに比べて少し範囲を広げ、東洋にみられる仏教以外の思想にも触れ、またキリスト教の思想に限定せず、西洋思想一般にも言及するつもりである。

二、東洋の自由思想家

異端と見なされて非難を受けた自由思想家たちは、東洋史上特にインドに早くから現れた。彼らのなかの幾人かは実際にきわめて自由な思想家であり、尊敬を集めていた伝統、特に既成の宗教を侮ったり否定したりした。彼らは同時代の多くの人たちにとって奇妙で危険に映るような新しい説を唱えた。神も存在しないし来世もないと説く者もいたし、美徳を軽視する者もいたのである。しかしそれでも多くの聴衆が彼らの教えを聴こうとして集まり、国王たちは彼らに論争の機会を提供し、勝利を得た者には褒賞を与えるのであった。

彼らはバラモン中心のインドにおいてさえ驚異的な自由を要求し、享受した。それは国王の面前でも同様であった。紀元前二世紀に、メナンドロス王が仏教僧ナーガセーナと哲学的問題を論議しようとしたとき、ナーガセーナは次のように答えた。

「大王よ、もし汝が学者として対論するのであれば相手をしよう。しかし、もし汝が王者として対論するのであれば断る」

「学者の論とはいったい何であるか」

「大王よ、学者の対論においては解明がなされ、解説がなされ、批判がなされ、修正がなされ、区別がなされ、細かな区別がなされるが、学者はそれによって怒ることがない。大王よ、学者はこのようにして対論する」

「それでは王者の対論とは何であるか」

「大王よ、じつに王者は対論において一つのことだけを主張する。もしもそのことに従わない者があれば『この者に罰を加えよ』といって、その者に対する処罰を命令する。大王よ、じつに王者はこのようにして対論する」

「尊者よ、私は王者としてではなく、学者として対論しよう。尊者は同僚や修行僧や門弟あるいは召使などと対論するように安心して対論せよ。恐れるなかれ」(『ミリンダ王の問い』)

これはインドの思想家がどのような機会に際しても思想の自由を確保しようと努めていたことを示す良い証拠である。

しばしば、東方世界においては専制君主の力が強大で、一般の人々はそのような自由を享受していなかった、といわれる。しかしドイツの社会学者マックス・ウェーバーは次のように説明している。「インドにおいては、宗教思想と哲学思想とは永い間ほとんど絶対的といってよいほど自由を享有していた。最近代より以前どこにもみられなかったほど大きな自由を享有していた」。もちろんインドにも後代には強大な国家が現れ、この自由も時には脅かされることもあった。しかし、このような思想の自由が許された時代および地域はおそらくほかにはなかったであろう。このことはインドの人々の間に礼儀と温和と寛容の精神が行きわたっていたことを示すものであるが、彼らが宗教上の事柄について熱心かつ真剣であったことを銘記するにつけても、この事実はなおさら注目すべきことである。しかし、彼らの寛大さが及ばないこともしばしばあったはずである。というのは、これら自由思想のほかには異端の説を唱えて聴衆を驚かせたり、故意にじらしたりする者もいたに違いないからである。

インドにおける最初の懐疑論者は、現在の記録によってみるかぎり、サンジャヤ（紀元前五世紀ごろ）であったらしい。

もしもあなたが、あの世は存在するかと問うた場合に、私がもしもあの世は存在すると考えるのであれば、私はそのように答えるであろうが、しかし私はそうとは考えない。そうらしいとも考えない。それとは異なるとも考えない。そうでないとも考えない。そうでないのではないとも考えない。生まれ変わった生きものが存在するか、善業と悪業の果報の現れは存在するか、如来は死後に存在するか、という問いにも同じように答えるだろう。（『ディーガ・ニカーヤ』）

初期の仏教徒たちは、このような議論をする人を〝鰻のようにぬらぬらして捕え難い議論をする人〟と呼んだ。

もしもわれわれがある点で懐疑論の意義を承認して、何らかの仕方でわれわれの行為を正当化しようとするならば、相対主義の立場に赴かざるを得ないであろう。この立場はインドではジャイナ教によって、ギリシャでは若干の思想家によって、はっきりと表明されている。

ジャイナ教の根本的な立場は、論理的に〝不定主義〟と呼ばれている。その趣旨は、宇宙は多くの見地からみることができ、それぞれの異なった見地が異なった結論を導き出すのであるから、どのような結論も決定的ではない、というのである。

ジャイナ教は実在の本性を定義するに当たって起こりうる教義《ドグマ》のどれにも陥ることを避けようとして極度に細心の注意を払っている。ジャイナ教徒によると、実在はそれ自身無限に複雑なものである。常住も無常も同様に真実なのである。人間の知識は偏っていて誤りやすい。哲学的教義はそれが実在に関する真理全体を表示すると見なされた途端に、偏執的な教義となってしまうのである。現在のジャイナ教徒は誇らかにいう、今、世界にある異なったイデオロギーの間の衝突をとどめることができるのはジャイナ教徒だけであり、その立場からのみ戦争を防止することができるのである、と。

唯物論者アジタは道徳的価値を否定した。

施しのなされることもなく、祭祀のなされることもなく、供犠のなされることもない。善業および悪業の果報の熟することはない。この世は存在せず、かの世も存在しない。母もなく、父もなく、また生まれ変わる生きものも存在しない。道の人・バラモンにして正しく達し正しく行ない、この世とかの世とをみずから知りおえ証得して（他人のために）説く人々は、すべてこの世に存在しない。（同書）

プーラナ・カッサパは道徳否定論を主張し、どのような行為を行なっても、罪を犯したことにはならないと説いた。

（いかなることを）しても、またなさしめようとも、（生きものおよび人間を）切断しても、また切断せしめようとも、（生きものおよび人間を）苦しめようとも、また苦しめさせようとも、（生きものおよび人間を）悲しませようとも、また悩ませようとも、（生きものおよび人間を）おののかせようとも、またおののくようにさせようとも、生命を害しようとも、盗みをなそうとも、他人の家に侵入しようとも、掠奪をなそうとも、強盗をなそうとも、追いはぎになろうとも、他人の妻と通じようとも、虚言を語ろうとも、このようなことをしても、悪を行なったことにはならない。たとえ剃刀のような刃のある武器をもってこの地上の生きものすべてを一つの肉団、一つの肉塊となそうとも、これによって悪の生ずることもなく、また悪の報いのくることもない。（同書）

人がいかに善業をなそうとも、功徳は得られないのである。「施しをしても、自己を制しても、感官を制しても、真実を語っても、これによって善の生ずることもなく、また善の報いのくることもない」（同書）。

たとえガンジス河の南岸に行って（生きものおよび人間を）殺したり、害したり、切断せしめたり、苦しめたり、苦しめさせようとも、これによって悪の生ずることもなく、また悪の報いのくることもない。またたとえガンジス河の北岸に行って施しをしたり、施しをさせたり、祭祀をしたり祭祀をさせたりしても、これによって善の生ずることもなく、また善の報いのくることもない。（同書）

もう一人、有名な唯物論者としてブリハスパティ（年代不明）がいる。彼は虚無主義的な著述を著したというが、今は失われた。彼に帰せられている詩はバラモン僧侶たちを嘲笑している。

「天国は存在しないし、究極的な解脱もない。
魂も来世もなく、カーストの習わしもない。
三ヴェーダと三種の自制、
そして悔恨の塵と灰のすべて、
これらは知性と勇気に欠けた人間に生活の手だてをもたらす。
生命のあるかぎり、安楽に暮らせ。
何より陽気に。
……
死者に行なう高価な儀礼は、

ただただ生活を支えるため、
僧侶が巧みに作り出したにすぎない」
「ヴェーダを著したのは、道化と悪党と悪魔の三者であった」
「バラモンが死者のためにこれらすべての儀式を創案したのは、ただ生活の手段としてである」
「生きている間、人は幸福であれ。借金をしてでも、ギー（バターの一種）を食べて暮らせ。肉体が一度灰となって、どうして再び還ってこれようか」（『全哲学綱要』）
ほとんど同じことを、インドの唯物論者たちも説いている。哲学者ゴーサーラは決定論を唱導した。

生けるものどもが汚れるについては、因もなく、縁もない。生けるものどもは、無因無縁にして汚れているのである。また生けるものどもが清められるについては、因もなく縁もない。生けるものどもは無因無縁にして清まるのである。（生けるものどもがいかなる状態となるにも、すべて）自己が作り出すこともなく、他人が作り出すこともなく、人間が作り出すこともない。（またそれに対して）力は存在せず、意志的行動は存在せず、人間の努力は存在せず、人間の威力は存在しない。
すべての存在者、すべての生きもの、すべての生類、すべての命あるものは、支配力なく、力なく、意志的行動なく、運命と出会いと本性とによって支配されて、（生存の）六つの階級の内のいずれかにおいて苦楽を感受するのである。（『ディーガ・ニカーヤ』）
運命を変えることはできないのである。

紀元前四世紀の初頭にアテネに現れたキニコス派に対応するものは、インドでは獣主派であった。キニコス派と獣主派とに通ずる特徴は、みずから進んで恥辱を求めるという態度であった。彼らは通例、世人の嘲笑に身をゆだねた。彼らが世人の非難を受けるように仕向けた方法はいろいろであった。汚らしい衣服を着たり、荒々しい下品な言葉を発したり、獣のまねをしたり、笑うべき行為、狂気と思われる行為、卑猥な行為を公衆の面前で行なった。これらはすべて獣主派の実践のなかに見いだされるものである。

中国でも、思想家たちは大きな思想の自由を享受していたのであるが、秦王朝（紀元前二二一－二〇六）によって突然断絶させられてしまった。先秦時代として知られる時代は、中国哲学史全体を通じて最も多様な諸種の思想の展開された時期である。荘子の社会哲学や政治哲学は完全な自由を表現したものであった。

中国人の間では〝天〟は種々に理解され、時には〝命〟（運命）の観念に等しいものとされた。〝命〟は人生におけるあらゆる出来事に適用される術語であり、人間自身は人生に関して何ら支配統制する力がないと考えられたのである。この〝天〟に言及して孟子はいった。「夫《か》の成功の若《ごと》きは則ち天なり」（『孟子』）。孟子の〝天〟はあるときには人格的であり、あるときには運命論的であり、あるときには倫理的であったが、総じてインドのアージーヴィカ派の運命論が宗教的であったのに対し、中国の運命論はむしろ倫理的であった。墨子は運命論への傾向を排斥した。王充《おうじゅう》（二七－九七）は極端な運命論者で、その運命論を個人のみならず国家全体にまで及ぼし、類推によって、王朝の盛衰や興亡は全く人間の一生と同じだといういささか奇妙な立場をとるにいたった。楊朱《ようしゅ》（紀元前四世紀）は利己主義者でかつ快楽主義者であることを自認し、〝各自は各自のために〟と主張した。彼は、自分の毛を一本抜くだけで全世界を益するような場合でもそれをしようとはしなかった。

晏平仲《あんぺいちゅう》、養生《ようせい》を管夷吾《かんいご》に問う。管夷吾曰く、之を肆《ほしいまま》にせんのみ。壅《ふさ》ぐこと勿れ。閼《さえぎ》ること勿れ、と。晏平仲曰く、其の目奈何《もくいかん》、と。夷吾曰く、耳の聴かんと欲する所を恣《ほしいまま》にし、目の視んと欲する所を恣にし、鼻の向わんと欲する所を恣にし、体の安んぜんと欲する所を恣にし、意《い》の行なわんと欲する所を恣にせよ。……凡そ此の諸閼《しょあつ》は、廃虐の主なり。廃虐の主を去り、熙熙然《ききぜん》として以て死を俟つは、一日一月一年十年なりとも、吾が所謂養《いわゆるやしない》なり。

（『列子』）

ほぼ同時代の鐸椒とか魏牟というような思想家は、情念のなすがままに任せ、放縦を楽しみ、獣のように振る舞った。彼らは文化を発展させ政治を動かす資格はなかったが、それでも彼らの見解や叙述には、無知な民衆を欺き惑わすのに十分な根拠と理由とが含まれていた。

しかし中国でも後代には、より穏健な意見が広まった。〝道〟の、尽きることなき富に頼って人生を気ままに楽しむこと、人間の活動のより多くの自由を認める緩やかな支配の様式、能うかぎり天与の寿命いっぱい静かに生きること、これらが道家の理想であって、儒家の人間的な配慮や関心に対立するものであった。

三、自我の自覚

これらの自由思想家はその時代の主流というよりむしろ異端であったが、ともかくそのような例外が存在して、思想の自由を要求し、またそれが容認されたということは興味深い。彼らは、何を説いたかよりも、教えを説いたという事実によって、東洋における近代の先駆者と見なされる。近代とは、宗教思想を含めて思想の自由の尊重を特徴とするもの、もしくは特徴とすべきものである。

そのような思想家たちが存在したという事実そのものはもっと注目されてよいことである。なぜならば、その時代に形成されていたものは、近代というよりもむしろ中世的な形態および視点を備えていたといえるからである。そして、伝統的な規範を極度に重んずる態度は、自由思想家を尊重するなどということよりももっと中世的精神の特徴を示すものであった。

中世的思惟のおもな特徴を次に幾つか示してみよう。

一、宗教的権威が一般に尊崇され、伝統的な象徴が固定していた。

二、社会の封建的身分構造に対応して、社会的関係の領域で宗教的制度の大きな影響がみられた。

三、宗教聖典の絶対神聖性が強調され、学問は概してスコラ的となり、一般に認められている教義を演繹し説明するにすぎないものとされた。自由思想家は禁断され、異端者は処罰され、懐疑論は嫌悪された。

四、文化は少数者の特権であり、一般民衆はほとんどこれにあずからなかった。

五、思想傾向が一般に超世俗的であった。

ところで、近代の特徴は以上と正反対である。

一、ヒューマニズム、つまり我の自覚がある。個々の人間は自分自身で考え、したがって伝統的な教義に対して批判的な態度をとる。

二、懐疑主義が、経験的探究や科学的研究を推し進める。

三、人間理性の尊重に伴い、宗教の儀式や教義よりも宗教体験を重視する。

四、平等主義に基づいて人間の尊厳を尊重し、かつそのような観点と一致した宗教の教えのなかでその倫理的要素を強調する。

五、世俗性が優勢で、超世俗性よりもむしろ唯物論へ傾斜する。

東洋にもこのような近代的視点を指向する固有の教説がみられ、それはある程度、西洋における近代的視点と類似しているといえる。東洋においても近代思想の刺激剤となった人が少なくとも何人かは存在し、彼らはまさしく近代と呼ぶにふさわしい思想を形成するに当たって、中世的立場や教説を西洋におけると同じように批判したのである。そして、この場合に、東洋における初期の自由思想家と同じように、ある程度まとまった教説を残している。

近代思想は自我の自覚（〝考えるゆえに我あり〟）とともに始まったといわれる。近代インドでも、自我の自覚は若干の虚無主義者（空論者）の主張にはっきりと看取される。

バクターワルという遍歴修行者は『空の精要』というヒンディー語の詩集を作ったが、その目的は、人間や神に関する伝統的観念はすべて虚偽であると説くことであった。このような拒否の結果、バクターワルは自我の絶対性を主張した。疑い得ないものは自我のみである。「何人《なんぴと》も自我を瞑想せよ。……みずからを崇拝者たらしめ、崇拝の対象たらしめよ。あれこれの差別を語ることなかれ。自分自身を顧みて、他のものに見入るな。何となればまさしく他人が見いだすものは汝自身の内に見いだされるからである。私自身のほかには何ものも存在しない。私が他者について語るのは迷妄のゆえである。……あなたがあなた自身を捉えかつ放ち、みずから眠り、覚め、踊り、歌う。あなたが快楽主義者で禁欲者であり、病人でかつ強者である。要するに、あなたの見るものはあなたにほかならない。あたかも泡と小波と大波が水にほかならないように」。

彼は世界における一切の現象を夢のなかの経験に喩えているが、その所論は仏教の観念論（唯識説）と類似している。しかし、バクターワルの自我の意識は、西洋の場合のように個人主義的ではなくて、むしろ一元論的であった。彼自身の説く自我の観念は古来のヴェーダーンタ哲学におけるアートマンの観念に由来するということができるであろう。

中国と日本の仏教では、自我意識は少しばかり異なって表現された。中国天台宗の祖、天台大師は、師に対して疑念を抱いてはならないと説いた。この思惟方法は後代の禅宗で最も顕著であり、師から弟子への伝授が重要視された。しかし、近代日本では逆の態度が表明された。「我云如くに、疑しきは疑ひありといふこそ正直なるべけれ」（「性理問答」）。伝統的な態度によると、〝一師印証、面授嗣法〟といわれるが、天桂《てんけい》（一六四八－一七三五）は、この句のなかで、〝師〟も自己自身、〝弟子〟も自己自身であり、〝一師〟も自己自身であると主張した。それゆえ、全体の意味は〝自己自身によって自身を、すなわち真の自己を実現すること〟となる。一人の師の指導の下に修行する必要はないのである。桃の花を見ても自己を明らめることは可能である。西洋的な理解の仕方では、師の自我は弟子の自我と異なったものでなければならないが、天桂は両者は一つであると主張する。すなわち宗教の精神は大自我から大自我へと伝えられるのである。「自己の正伝は他より得ず。自己より自己に正伝」するのである。〝自己をならう〟ことは〝大己〟に従う道であり、それは〝己心を知る〟ことである。〝己心を知る〟ということは無難や盤珪らの禅僧によっても強調された。

日本人の自我の観念が西洋の場合と異なっていることから、その倫理的側面もまた異なってくる。西洋では個人主義が倫理の基礎であると考えられたが、日本では異なった個人間の対立の解消が倫理的理想であると見なされた。このことはおそらく仏教の影響によるものであろうが、仏教徒でない人たちの間にもこの思想が認められる。石田梅巌は「実《まこと》の学問と云は、毫釐《ごうり》も私心なき所に至ることなり」「無我の所を法とすべし」(『性理問答』)と教えた。

しかしながら、個人の重要性を唱える思想家が全くいなかったわけではない。例えば農民聖者、二宮尊徳(一七八七－一八五六)は当時としては珍しく個人を評価した。生まれたときに〝天上天下唯我独尊〟と宣言したという誕生仏の像を指して、尊徳は弟子たちに次のようにいった。「仏はこれらの言葉を誤った高慢さから語ったのでもないし、またこれらの言葉を仏にだけ当てはめるべきものでもない。この教えの意味するところは、すべての人間が自己について考えるとき、天地の間に自己より高貴な人はいないと感じるべきだということである。なぜならば、もし自己が存在しなければ、何ものも存在しないであろうからである」。

西洋におけると同じように、人間は一つの小宇宙であるという思想に基づいて人間性の尊重が時折、呼び起こされた。日本における梵語研究の先駆者、慈雲尊者は自然の理法に従うことが仏教の本質であり、十善を守ることがそのまま此の理法に従うことであると考えた。

仏出世にもあれ、仏不出世にもあれ、此の世界あり此の人間あれば、此の十善有って常に随逐するじゃや。(『十善法語』)

心学の創始者、石田梅巌は新儒学の術語を用いて〝善なる自然〟を称揚し、「我と天地と渾然たる一物なりと貫通する所なり」「人は全体一箇の小天地なり」「性と云は天地人の体なり」などと説いた。

したがって彼によると、倫理的行為の目標は自己本来の心を取り戻すことであった。「何れの法にて得るとも、皆我心を得るなり」。二宮尊徳は、人間の真の本性は自然界の秩序への敬虔な崇拝において実現され、その自然界の秩序は人間生活の道徳秩序に現れていると教えた。自然に関する最も急進的な思想は安藤昌益にみられる。

儒道、仏道、神道、道家、医道、此れ等を道と呼ぶは皆失《あやま》りなり。道と言へるは自然進退一気の名にして無二の行徳の言ひなり。(『自然真営道』)

彼は伝統的な宗教を厳しく批判する。「世々の聖人は天道を盗みて吾が制法と為し、仁義を売りて貪世を買ふて不耕にして食ひ衣《き》るなり」(同書)と。

中国にも類似の教えがある。法律という意味における〝法〟の概念が、普遍的な妥当性をもったものであると強調されたことは特に注目すべきである。黄宗羲《こうそうぎ》は、〝法〟は専制君主的体制の恣意的かつ弾圧的な命令より以上の何ものかを表示することができると主張した。

近時の支配者たちが〝法〟と称するものは、単に一家族のために制定されたものであり、全人類のために制定されたものではない。彼らの〝法〟とはそのようなものであるから、一般の福祉のために、わずかばかりでも考慮されることがあろうか。それらをそもそも〝法〟と呼びうるだろうか。

また、

良く治める人々だけがいて、良く治める法は存在しないというならば、それに対してはこう答えよう。良く治める法があるときにのみ、良く治める人々が存しうるのである、と。

インドにおいて〝自然法〟に相当する語は〝法〟（ダルマ）ないし〝永遠なる法〟（サナータナ・ダルマ）であろう。しかしこれらの術語は古代から使われてきたのであって、古代の用法と近代の用法とを区別することは困難である。

四、現世的性格

これまでみてきたように、近代の顕著な一つの特徴は現世的な視点である。中世ヨーロッパでは永遠をどこで過ごすかということが重要な問題とされていたが、今日のヨーロッパではそれは重要な問題とは考えられていない。それどころか、近代の欧米人は現在の生活状況を作り変えることに多くの関心を払っている。宗教に寄せる興味も多くの場合そのような現世的な事柄に関係する倫理的な教義への関心なのである。

東洋的人生観が西洋的人生観と異なるといわれるのは特にこの点においてである。一般に、東洋人は本質的につねに現世超越的であり、その伝統には現世的な方向を示すものはほとんど、あるいは全くないと考えられている。この点から、歴史の観念が全く異なっており、神の王国の象徴と対照をなす涅槃の象徴のように根本的に異なっている。そして神秘主義的な伝統は、東洋を特徴づけるものとはなっても、決して西洋の特徴とはならなかったといわれている。

以上のような意見にはそれなりの根拠があると思われるので、ここではそのようにいわれうる根拠を探ってみることにしよう。

まず、東洋的見地が何よりも神秘主義的であり現世超越的であるという見解は、おもにインド思想を基点として、東洋全体の典型と考えられている。しかし、これまでみてきたように、東洋には、ある点でインドとは相当に異なっているけれども、なお考慮に入れるべき他の伝統が存在している。

中国では、現世主義の主張が非常に早い時期から生まれていた。安禄山の反乱(七五五―五六)とそれによって提起された問題とが疑いもなく直接の原因となって、世界にどう参画するか、現在にどう適合するか、などの行動家的(有為的)な特徴が現れた。これらの特徴が後代には、仏教の現世超越的性格の論駁のなかにみられた。唐の後半(一〇世紀)から仏教は深刻かつ着実な衰退に傾いたが、続く宋の時代において、禅仏教は特に文学と美術の方面で、依然として活気にあふれた文化的な影響力をもっていた。しかし、この影響力ものちの数百年で徐々に失われ、特に清の時代になってその衰退が決定的になった。それとは逆に、宋時代以後、復活した儒教は仏教から知的主導権を奪い取り、みずからの政治的基盤を固め、中国の社会や文化における支配的なイデオロギーの役割を再び演ずるようになった。仏教はおもに下層階級に信仰され、人生にとってほとんど意味をもたない宗教として冷遇された。すなわち世間に異議を唱えたり幻滅を感じたりしている人々の避難所となり、死者と遺族のための奉仕者となってしまったのである。

日本において、現世を超越した考えから現世中心の考えへと転換したのは寛文年間(一六六一

－七三）のころであると思われる。それ以前、江戸時代初期に出版された書物は、仏教関係のものとそれ以外のものとの比が三対一であった。ところが、この時期以後、この比率は逆転し、儒教関係の書物の出版が増加した。儒学者や国学者は仏教を現世超越性のゆえに攻撃し、仏教を改革しようと志した二、三の仏教徒はその伝統的な態度を改めた。近代における禅宗の現世的な性格は鈴木正三《しょうさん》のような禅僧において顕著であった。正三は在家信者に向かって次のように教えている。「総而《そうじて》、後世を願ふと云ふは、死して後のことに非ず。現に今苦を離れて大安楽に至ること也。然るにその苦は何より起ると思ふや。只此の身をかわゆがる念より起る也。此の身さへなくんば、何か苦なるべき。故に此の身に離れたるを成仏とす」（『驢鞍橋』）。

慈雲尊者はいう。「一類の者が云ふ。仏法は心を以て心を修するばかりで、世を助け民に長たる用に立たぬ。儒の道は礼を以て身を修むるに因て、人民を教ゆる功あると。此れも仏教を知らぬ者が、宋元已来の弊儀を仏法の様に思うて云ひ出す言葉じや。仏法の中《うち》、此の十善あることじや。士《し》庶人《しょにん》なれば、近くは身を修め家を斉《ととの》ふ。遠くは無漏正道の因縁と成る」（『十善法語』）。

しかしながら、現実を肯定する態度は非仏教徒において顕著であった。神道に属する黒住教の創始者、黒住宗忠《くろずみむねただ》（一七八〇－一八五〇）によると、人間の生活は宇宙的生命とわれわれとの本質的な関係の実現にほかならない。この霊的交わりを彼は〝生きとうし〟と呼んでいるが、これは〝生命を貫く〟とか〝生命によって満たされている〟という意味である。安藤昌益はいう。「直耕して幸福に食べ、直織して幸福に着る――これ以外に道はない。幾千もの道を語るのは虚偽である」。しかし、こうした率直な主張を公言することは、江戸幕府の圧力の下では許されなかった。

　現世主義の一つの特徴は、瞑想的な生活よりも活動的な生活を賞賛することである。儒学者、伊藤仁斎によると、実在の世界は活動にほかならず、活動はそれ自体が善である。「凡そ天地の間は、皆一理のみ。動有て静なく、善有て悪なし。蓋《けだし》静とは動の止、悪とは善の変、善とは生の類、悪とは死の類、両の者相対して並び生ずるに非ず、皆生に一なるが故なり」。荻生徂徠およびその他の日本の個性的な儒学者は、中国中世（宋代）における儒学の寂静主義を否定した。静坐して心に敬虔な愛（仁）を養うことが中国中世のたいていの儒学者によって実践された精神修養の方法であったが、徂徠はこうした実践を嘲笑した。「余を以てこれを観《み》るに、博奕《ばくと》も猶《な》ほ静《せい》坐《ざ》持敬《じけい》より勝《まさ》る者《もの》なるがごとし」。その本質が瞑想の実践である禅仏教にも、瞑想を否定する者が現れ、その一例として鈴木正三は在家者に瞑想を実践することを勧めず、代わりに日常の義務を実践することを勧めた。

　活動を重んずるという精神は社会的に影響力を増した商人の間で奨励された。彼らの思想上の指導者の一人で、心学運動の祖である石田梅巌はいっている。「孔子川の上《ほとり》に在《いまし》て曰く、『逝く者は斯の如き夫《か》。昼夜を舎《す》てず』と。道の体《たい》を指《さし》て、見易かるべきは、川の流れに如《しく》はなしと示し玉《たも》ふ」（「性理問答」）。

　この精神がついに日本の近代化をもたらす力となった。封建体制の崩壊とともに現れた新宗教もまたこのような精神を鼓舞した。明治維新の精神的基盤を作った一人である徳川斉昭《なりあき》は、活動性が重要であることを強く主張した。「苟《いやし》くも臣子たる者、豈《あに》斯の道を推弘し、先徳を発揚する所以を思《おも》わざる可けん。此れ即ち館《かん》（弘道館）の為に設《もう》けられし所以なり」（『弘道館記』）。

活動性を強調することはともすると出家生活の否定に結び付けられた。親鸞のような指導者も、出家者に敬意を払い、出家者は一段と優れた者であると考えていた。しかし、近代になると、行動派の思想家たちは出家者を怠惰であり無活動であるとして軽蔑するにいたっている。二宮尊徳は概して僧侶や学者を嫌ったが、それは彼らが生産に従事せず、国の繁栄に何ら役立っていないと考えたからであった。

托鉢という仏教の慣習は、日本の儒学者たちの厳しい批判の的となり、次第に廃れていった。神道には〝よさし〟と呼ばれる考え方があるが、これは〝みこともちて〟と同義であり、後者は文字どおり〝神のおぼしめしによって〟の意である。これは語源的にも西洋の職業（vocation, Beruf）という概念と一致する。神道は彼らの職業倫理をこの〝おぼしめし〟の概念に基礎づけたのである。

それと同様に日本の仏教でも、近代になると、精魂を打ち込んで自分の職業に励むことがそのまま仏教の修行であるという思想が起こった。禅僧沢庵（一五七三－一六四五）は教えている。「仏法能く収りたるは、世法に同ず。世法能収りたるは仏法に同ず。道は只日用《にちゆう》のみ。日用の外に道なし」（『結縄集』）。

この思想はやはり禅僧である鈴木正三によって特に強調された。彼は仏教を世俗の事柄に適用した最初の人であるといわれる。彼は『万民徳用』という一書を著し、そのなかで職業倫理について論じている。彼によると、本来の自己、すなわち、〃自己自身の真仏〃を依り所とすることが仏教の本質であり、また、いかなる職業もこの〃一仏〃の働きなのであるから、自己の職業に従事することは、絶対的一者に従うことであるという。こうして彼は農民に向かって、「農業すなわち仏業なり」と説き、商人に向かっては、「欲望を捨ててひたすら利益を追求せよ。しかし自己の労働の実りを楽しんではならない。他の人の利益のために働きなさい」と教えている。現世での苦悩はすでに前世で決められているのであるから、前世に犯した罪を償うために自己の職業に精励すべきである、というのである。しかし、それが大きな宗教運動にまで発展しなかった事実は、明治以前の日本において近代の中産市民社会が未発達であったことと関連づけて研究されるべきである。

とはいうものの、真宗信徒の間のかなり広い範囲で、現世的禁欲主義への転換がみられた。ベラー教授が明確に指摘したように、初期のころの真宗は信仰だけによって救われることを強調し、倫理的要求にはほとんど注意を払わなかったが、江戸中期において、救済と倫理的活動とが強く結び付けられるようになった。倫理的活動がまさに救済の証しとなったのである。

二宮尊徳に由来する報徳の教えは、農民に向かって精励と労働とを強調した。彼の教えの趣旨は次のとおりである。

われわれの生命とその維持と享受とは第一に天と宇宙とから与えられた利益のお陰であり、次に君主や国家や両親や他の無数のものから受ける利益のお陰である。われわれには、両親や君主や国家から受けた利益を幾分なりとも還元すべき法則と社会的義務とがある。しかし、天によって与えられる大きな利益に対し、行為によって感謝を表現するようにと強制する法則はない。それゆえに、人々は天の恩恵に報いることが第一の義務であることをともすれば忘れて無視しがちである。それを忘れない人たちもいるが、しかし彼らとて一般に感謝の気持ちを礼拝といった儀式や感謝祭などで示せば十分であると考え、行為によって示そうとはしないのである。しかし、これは誤っている。われわれは天の意志を心に留め、天賦の徳を養い、全宇宙の進歩と発展とを促すために至誠と勤勉とをもって働かなければならないのである。(『報徳記』)

このような教えには、マックス・ウェーバーが西欧の近代資本主義との関連でカルヴァン派によるプロテスタントの倫理について考察したような種類の背景がある。二宮尊徳の道徳経済哲学には、至誠・勤労・分度・推譲という四つの原理があり、西欧と同じように資本主義に基づく事業を推奨した。もっとも彼が影響を与えたのはおもに農民の間だけであった。しかし、彼の死後、戦前の学校教師によって彼はしばしば引用され、道徳的に優れた偉大な人物と考えられた。

このように、極東においては、インド的な現世超越思想から連想される考え方とはかなり異なった人生観が示されていることがわかる。しかしインドの伝統そのものにも、その現世超越的な思想について修正したり批判したりする立場が現れた。修正する立場としては、今日インドの学者たちはバラモンが生涯を四住期に分けてそれを遵奉する習慣のあることをしばしば強調する。その四住期とは学生期から始まり、家住期、林棲期を経て、遊行期で終わるものであるが、それぞれの住期にはそれにふさわしい利益を追求することが定められており、それによると青年から中年にかけての時期にはある程度現世的であることが認められ、あまつさえ勧められてさえいるのである。しかしここで注目すべきは、一六世紀に新しいヴェーダーンタの一派を創設したヴァッラバである。彼は一段と歩を進め、今の時代にはすべての世俗的関心を捨てるなどという行為は実践されるべきでないと主張した。神の恩恵に浴しているかぎり、家住期の段階が最上であるというのである。「神の慈恵に照らされた家住期が特に優れている」。苦難は神聖さの要素とはならなかった。裸体や飢餓ではなく高価に装い上等な食事をし、孤独や苦行ではなく社会を享受し世俗の楽しみを楽しむといった状況の下で自己の本分を尽くすことが師弟の義務であった。ヴァッラバはもともと所属していた教団の規定を振り切り、彼の唱える新しい神の命によって結婚したといわれる。それ以降、彼の子孫が法王の地位を世襲している。

しかし、世俗生活のなかにおいて精神的に高められた生活を営む可能性を強く主張したのは一六世紀のバクティ詩人カビールであった。

踊れ、わが心よ。今日喜びをもって踊れ。
愛の曲調は音楽をもって昼夜を満たす。

世の中はその旋律に耳を傾ける。
喜びに狂い、生も死も、
この音楽のリズムに踊れ。

修行僧の衣をまとい世の中から離れて淋しく暮らす必要があろうか。（『カビール詩集』）

真の宗教は家庭生活のなかに根を下したものでなければならない。カビールは次のようにいった。「家庭のなかに真の合一があり、家庭のなかに生の楽しみがある。わが家を捨てて、どうして森のなかをさまよい歩く必要があろうか」。

真実なるものは汝の家のなかにあるということを汝は見ない。
汝は森から森へと、ものうげにさまよう。（同書）

近代においては、人間の能力の尊重と人間が現世で達成しうるものへの高い評価とに密接に関連して、われわれはさまざまな〝社会的福音〟をもっており、宗教的信仰も他者への思いやりや奉仕と結び付けられているのである。今日インドにみられるラーマクリシュナ・ミッションやその他の運動の場合には、この社会的主題が際立っており、ここに西洋思想によって触発された顕著な例を見ることができるであろう。しかし、もっと早い時期に表明された類似の社会的関心については同様のことはほとんどいえない。例えば、クリシュナの十二化身の一人と見なされるチャイタニヤに端を発する一六世紀のベンガルのクリシュナ崇拝などがそうである。チャイタニヤによると、神は至高の愛と歓喜であり、それは他者への奉仕によって表現されなければならないとされた。「クリシュナは、全身全霊を込めて彼に献身する人を、自分のものとして受け入れる」。この派のメンバーは老人や病人に奉仕した。彼らの重荷を担ってやり、着物を洗ってやり、ヴィシュヌ神に供えられた食物を跛者・盲者・聾啞者に分け与えたりするなど、苦悩に沈む人々に対して燃えるような哀れみの情をもっていた。信者の一人はチャイタニヤの足許にぬかずいて祈った。「人々の悲しみを見てわが胸は破れる。彼らの罪をしてわが頭上に置かしめよ。彼らの罪のためにわれをして地獄に苦しましめよ。他の人々のこの世の苦痛を除かんがために」（カーペンター『中世インドの神』）。

五、結論

東洋思想について上に述べた以外の局面も考えられるであろうし、またもっと多くの実例を挙げることもできようが、東洋はしばしば考えられるように近代への準備ができていなかったわけではないという事実を示すためには、私が引用した例でおそらく十分であろう。

私は、どこまで近代への準備が整っていたかについて、東洋の諸伝統に見いだされる近代的な思想や実践の諸要素の意義およびその影響を過大視してもらいたくはない。西洋文明が紹介される以前、東洋の国々では、近代思想の兆しを発揮するような独創的な思想家は西洋に比べて多くはなかった。東洋において近代思想は単発的に現れたにすぎなかった。それは現れることは現れたが、ほとんど発展しないで終わったのである。

東洋の偉大な宗教的伝統においては、進歩的な改革者よりも、中世的な思惟方法と行動様式とを固持していた保守的な宗教者のほうがはるかに多く存在した。また進歩的な人たちといえども、自覚的であったかどうかはともかく、多くの点で保守的態度を示していた。ルター、ツヴィングリ、カルヴァンのような戦闘的神学者はまずいなかった。東洋の改革者たちは往昔から根強く存続していた伝統的な宗教的習俗を完全に廃止することはできなかったし、深く根を下していた政治組織や社会制度を変革することもできなかった。例えば、インドにおいて、ヒンドゥーの改革者たちはヒンドゥー社会全般に圧倒的な影響を残すことはなかった。彼ら信徒たちは、ヒンドゥー教徒全体の内でほんの一部分を占めていたにとどまるのである。

また、近代の西洋思想に顕著な幾つかの特徴が東洋には欠如していたということもできる。その内の一つは進化の観念である。東洋の思想家たちは変化とか発展とかという観念をもってはいたが、あとでやってくるもののほうが、過去のものよりも優れているという観念はもっていなかった。そのような観念は、ヒンドゥー教・仏教・儒教の伝統にはなかったのである。

そのほか考察すべき重要な事柄は、東洋の国々には実験の精神がほとんど欠如していたということである。したがって日本では自然科学が発達しなかった。多くの新しい試みがなされたが、萌芽の段階で圧殺されてしまった。大乗仏教は教義に関して柔軟な立場をとるところから、神道とともに新しい自然科学の動きに対して反対はしなかったが、封建的貴族社会が一般に新しい思想と実験とに抵抗したのであった。

インドにおいて、すべての宗教改革者は奇跡と伝説のまつわり付いた民間信仰を取り扱わなければならず、彼らの多くがこれらの信仰を共有していた。

インドの社会体制の硬直さによって、根本的な変革をもたらしたかもしれない近代化は妨げられた。しかし一言付け加えておかなければならないのは、近代インドに現れた優れた思想家たちが、数こそ多くはなかったにしても、当時のインドに対してだけでなく一般近代思想の発展に対しても有意義な貢献をしたということである。

ところで修正を加えられるべき事柄がまだ残されている。今日の東洋においていわゆる〃近代的〃なるものはすべて〃西洋的〃であるとよくいわれるが、この意見には異議をさしはさむのに十分な根拠が存在するのである。たしかに西洋文明が東洋の人々に与えた衝撃は多大であり、新しい機会ばかりでなく新しい目的をも提示したことは否定できないが、東洋にはみずからの伝統に基づく東洋自体の蓄積があったことも認識されなければならない。それがあってこそ初めてこれらの新しい目的や機会に対処できたのであり、異質な西洋の伝統と出会って、それから学べるもの——実際には学ぶべきもの——が何であるにせよ、東洋独自の評価を下すことができたのである。また、そのような東洋の反応や価値判断も、同じ東洋人でありながら、国民のもつ文化的伝統により、互いに異なっているということも認識されるべきである。

しかしながら、そのような結論はいかなる〃イデオロギー的地域主義〃にもくみしない。なぜなら、それは仏教とキリスト教との比較研究によってもたらされる広範な結論に照らし合わせて理解されなければならないからである。われわれは、異なる文化圏の人々の間の交流が今日よりはるかに困難であった過去の時代にも、人間精神はほとんど同じような問題と取り組んでいたことをみてきた。方法や概念はそれぞれの状況で異なるが、それにもかかわらず、人間の立場を同じように判断し、同じように反応しながら、同じような歴史をたどっているのである。

今日の世界において、われわれは西洋の伝統以外の他の宗教的伝統に関する知識を増大させ、それによって培われた広い視野に立ってわれわれ人間の問題を考えるべく、新しくかつ興味ある機会を得ているのである。

訳者あとがき

インド研究・仏教研究のわが国における最高の権威者であり、『東洋人の思惟方法』全四巻や『世界思想史』全七巻など、スケールの大きな比較思想・世界思想の構想をもって哲学思想界にも大きな刺激を与え続けている中村元博士の活動について、今さら紹介の要はないであろう。博士はその業績をもって昭和五十二年度の文化勲章を授けられている。こうした国内での活動ばかりでなく、博士は昭和二十六〜二十七年、アメリカのスタンフォード大学に客員教授として招かれて以来、繰り返し世界の各地を訪れて講演や講義を行ない、また外国語の著書を通して、海外の学者にも大きな影響を与え、国際的な名声をほしいままにしている。こうした博士の海外での活動については、教え子の一人でもある原実東京大学教授が「中村元の海外での活動」と題して論じているが(『中村元の世界』青土社、昭和六十年)、それによると昭和五十八年までで海外渡航は四十三回に及ぶというから、その後今日まではまたかなり回数も増えていると思われる。また、博士の外国語による著書・論文の数は二〇〇を越えている。

ところで、こうした博士の外国語による著書・論文のなかには、『東洋人の思惟方法』の英訳で、ベスト・セラーといってよいほど広く読まれている *"Ways of Thinking of Eastern People"*, Honolulu, 1964 や、『世界思想史』の一冊本縮略版ともいうべき *"Parallel Developments. A Comparative History of Ideas"*, New York and Tokyo, 1975 のように、日本語の著書からの翻訳や日本語の著書に対応のあるものもあるが、全く新しい構想で書きおろされ、日本語の著書には該当するものが見当たらない著書や論文も少なくない。それらは日本人の読者を想定したものではないが、われわれ日本人が読んでも啓発されるところは大きく、博士の他の日本語の著作と同様に価値高いものである。また、独創的な思想家としての博士の全体像を知ろうとするには、これら外国語の著作を無視することはできない。しかし、こうした外国語の論文はわれわれ日本人の目には触れにくく、また、一般の読者にはなかなか容易には読めないものである。そこで、それらの主要なものを日本語に翻訳・紹介することがぜひとも必要になってくるのである。

こうした事情を考え、中村博士の外国語論文の翻訳を志したのが、法華会の理事長で、月刊誌『法華』の編集発行に当たっている春日屋伸昌であった。春日屋は、中村博士の教え子でインド哲学・仏教学を専攻する若い研究者松田愼也（現文化庁宗務課職員）の協力を得て、『法華』の昭和五十五年四月号から「中村元博士外国語論文翻訳シリーズ」と名付けて主要な論文の翻訳の掲載を開始した。翻訳にあたっては、最初に松田が下訳を作り、それを春日屋が原文と対照しつつ点検し、誤りを正したり、読者の立場から読みやすい日本語に改めたりしたうえ、さらに問題のある点は二人で検討し直すという作業を繰り返し、少しでも正確でかつ読みやすい訳にしようと努めた。連載の途中から、共訳者は松田から末木文美士（現東京大学助教授）に代わったが、同様の方針で昭和五十九年二月号まで連載された。この連載がたまたま東方出版の今東成人氏の目にとまり、連載分に未翻訳のものの訳しおろしをいくつか加え、シリーズとして出版してはどうかということになった。幸い、原著者の中村元博士からも懇切な序文をお寄せ下さるなど種々の温かいご配慮をいただき、こうして本書を中村元英文論集―翻訳シリーズの第一回として刊行される運びとなった次第である。

さて、本書は Hajime Nakamura *"Buddhism in Comparative Light"*, New Delhi: Islam and the Modern Age Society, 1975 の翻訳である。原書出版の事情については、中村博士ご自身のまえがきに詳しいが、その経緯にもいかにも国際的な学者である博士にふさわしいものがあり、はなはだ興味深い。内容的にも、インドの原始仏教から日本の浄土教や禅にまで説き及び、西洋哲学やキリスト教との比較など縦横に論じ尽くして、まさに中村博士の膨大な思想体系のコンパクトな入門書といってよいような豊かな内容のものになっている。博士の著作のあまりの多さに、どれから手に取ってよいか迷っておられる方にぜひご一読を勧めたい。

本書は、雑誌に連載したものではなく、今回新たに訳しおろしたものである。春日屋と末木の共訳の予定であったが、末木が諸般の事情で下訳を作る余裕がなくなったため、千葉県立衛生短大講師・羽矢辰夫氏の協力を得ることにした。羽矢氏の下訳を末木が通読したうえ、さらに春日屋が手を加えたが、羽矢氏の丹念な訳文のお陰でずいぶんと読みやすいものになったのではないかと思っている。

翻訳にあたっては、原書の注は専門的であり、一般読者が通読する便を考えてすべて略した。また、部分的に博士の日本語の著作に対応箇所のあるところもあり、その場合はもちろん日本語の著作を参照したが、あくまで英語の文章に従って訳した。引用文に関しては、博士自身の翻訳のあるものはそれを用い、そうでないものについては、邦訳のあるものはそれを参照するようにした。しかし、文脈に応じて表記などを改めている。また、漢文の著作や一般に漢訳が親しまれている経典（『法華経』など）については、漢文の書き下しの形で引用し、日本文は広く読まれているもの（日本古典文学大系、日本思想大系ほか）を原則にした。

誤訳や翻訳の不備を恐れつつも、本書によって中村博士の従来しられていなかった思想の一面が知られ、広く関心を呼ぶことになれば、訳者としてこれにまさる幸いはない。

昭和六十二年六月二十日

訳　者

中村 元（なかむら　はじめ）
1912年　島根県松江市に生まれる
1936年　東京大学文学部卒業
東方学院長，東京大学名誉教授，文学博士
1999年　逝去
著　書　『初期ヴェーダーンタ哲学史』４巻 『中村元選集』23巻 『インド思想史』『仏教語大辞典』他多数

春日屋 伸昌（かすがや　のぶまさ）
1920年　東京に生まれる
1943年　東京大学工学部卒業
法華会理事長，中央大学教授，工学博士
1990年　逝去
著　書　『法華経入門』『仏教と人生』 他

比較思想から見た仏教〈新装版〉

2012年７月24日　新装第１刷発行
2015年４月27日　新装第２刷発行

著　者　中村　元
編訳者　春日屋伸昌
発行者　今東成人
発行所　東方出版㈱
大阪市天王寺区逢阪２−３−２
電話（06）6779−9571
FAX（06）6779−9573
印刷所　亜細亜印刷㈱

乱丁・落丁本はお取替いたします　ISBN978-4-86249-203-6